SUCESSÃO NA EMPRESA FAMILIAR:
conflitos e soluções

Domingos Ricca

Colaboradores
José Bernardo Enéias de Oliveira
Roberto Gonzalez
Sandra Regina da Luz Inácio

CLA editora

São Paulo – 2007

Editor: Fabio Humberg
Capa: Lucas Fernando Vieira
Projeto gráfico: João Carlos Porto
Revisão: Humberto Grenes

Dados Internacionais de Catalogação na Publicação (CIP)
(Câmara Brasileira do Livro, SP, Brasil)

Ricca, Domingos
Sucessão na empresa familiar : conflitos e soluções / Domingos Ricca ; colaboradores José Bernardo Enéias de Oliveira, Roberto Gonzalez, Sandra Regina da Luz Inácio. — São Paulo : Editora CLA, 2007.

Bibliografia.

1. Empresas familiares - Administração 2. Empresas familiares - Sucessão I. Oliveira, José Bernado Enéias de. II. Gonzalez, Roberto. III. Inácio, Sandra Regina da Luz. IV. Título.

07-2949 CDD-658.041

Índices para catálogo sistemático:
1. Empresas familiares : Administração 658.041

Editora CLA Cultural Ltda.
Rua Coronel Jaime Americano 30 – salas 12/13 – 05351-060 – São Paulo – SP
Tel/fax: (11) 3766-9015 – e-mail: editoracla@editoracla.com.br
www.editoracla.com.br

Impresso no Brasil

Índice

Prefácio

Informações úteis para as empresas familiares

A história da economia brasileira foi escrita por empresas familiares. Essa saga é particularmente significativa na indústria, cujo desenvolvimento partiu do talento, conhecimento e determinação de numerosos empreendedores. Grandes indústrias nacionais nasceram do esforço pessoal de homens, mulheres e seus filhos, movidos por fé no Brasil, amor ao trabalho e coragem, transformando-se em companhias de padrão mundial. Hoje, há no País empresas familiares de todos os portes, predominando as pequenas e micro, responsáveis por 41% do total de 27 milhões de empregos formais e 20% do PIB nacional.

Considerando a importância das organizações familiares, são fundamentais a abordagem técnica, conhecimento e informações capazes de contribuir para o constante aperfeiçoamento de sua gestão. É inegável que a profissionalização é inevitável no cenário contemporâneo de alta competitividade. Entretanto, tal processo não significa, a rigor, a contratação de executivos para gerir o negócio. Antes de tudo, é pautado por organização, método, práticas eficazes de administração, qualidade e trabalho responsável. Tais requisitos podem, perfeitamente, ser preenchidos pelos próprios administradores familiares.

Este livro, escrito por Domingos Ricca, um especialista no tema, contém informações úteis para os donos, sócios e gestores dessas empresas. A obra trata das questões relativas à sua dinâmica frente ao mercado em que estão inseridas, além de analisar seus reflexos socioeconômicos. Estudar os fatores que envolvem as firmas familiares favorece muito a análise correlata de uma importante força propulsora do desenvolvimento brasileiro.

Paulo Skaf
Presidente da Federação das Indústrias do Estado de São Paulo (Fiesp)

Capítulo 1

A realidade das empresas familiares brasileiras

As empresas familiares são uma realidade no mundo todo, porém sofrem de grandes problemas no que tange à gestão e à maneira pela qual a sucessão de cargos de direção se configura.

O fato é que, independente disso, a empresa familiar existe e continuará sempre existindo. Assim, o importante é pensarmos em como ajudá-las a se tornarem mais fortes, saudáveis e profissionalizadas, desfazendo o processo empírico de administrar os negócios da família.

Embora as medidas a serem tomadas em favor da profissionalização pareçam óbvias, a verdade é que a maioria das famílias controladoras de empresas não age neste sentido. Os laços emocionais que envolvem os relacionamentos impedem, na maior parte das vezes, que as pessoas ajam racionalmente.

As empresas familiares são a forma predominante de empresa em todo o mundo. Elas ocupam uma parte tão grande da nossa paisagem econômica e social que nós se quer nos damos conta. Nas economias capitalistas, a maioria das empresas se inicia com as idéias, o empenho e o investimento de indivíduos empreendedores e seus parentes. Casais juntam suas economias e dirigem lojas em conjunto. Irmãos e irmãs aprendem o negócio dos pais desde crianças, ficando atrás dos balcões ou na plataforma de carga depois da escola. Fazer com que um empreendimento empresarial tenha sucesso e depois passar de pais para filhos (e, recentemente, filhas) não é apenas uma projeção sonhadora. O sucesso e a continuidade das empresas familiares são o sonho dourado para grande parte da população do mundo.

As estimativas mais conservadoras colocam a proporção dessas empresas entre 65 e 80% do total. É verdade que muitas delas são pequenas propriedades que nunca irão crescer ou irão ser passadas de uma geração para outra. Mas também é verdade que muitas dessas empresas estão entre as maiores e mais bem-sucedidas do mundo.

Para a maior parte das pessoas, as duas coisas mais importantes em suas vidas são suas famílias e seu trabalho. É fácil compreender o poder das organizações que combinam ambas as coisas. Estar em uma empresa familiar é algo que afeta todos os participantes.

Os funcionários de empresas familiares conhecem a diferença que o controle familiar faz em suas vidas profissionais, na cultura da empresa e em suas carreiras. Os homens de marketing apreciam a vantagem que a imagem de empresa familiar pode representar para os clientes. E as famílias sabem que o fato de estarem juntas nos negócios é uma peculiaridade importante suas vidas.

As empresas controladas e administradas por famílias constituem uma forma organizacional peculiar, cujo "caráter especial" tem conseqüências positivas e negativas. Elas extraem uma força especial da história, da identidade e da linguagem comuns às famílias.

Quando os dirigentes chave são parentes, suas tradições, seus valores e suas prioridades brotam de uma fonte comum. As comunicações, verbais ou não, podem ser grandemente aceleradas nas famílias. Cônjuges e irmãos têm maior probabilidade de entender as preferências explícitas e as forças e fraquezas ocultas uns dos outros. Mais importante, o empenho, até mesmo a ponto do auto-sacrifício, pode ser solicitado em nome do bem-estar geral da família. Entretanto, esta mesma intimidade também pode trabalhar contra o profissionalismo do comportamento empresarial. Antigas histórias e dinâmicas familiares podem gerar conflitos nos relacionamentos de negócios. Pode ser mais difícil exercer autoridade com os parentes. Os papéis na família e na empresa podem tornar-se confusos. As pressões da empresa podem sobrecarregar e destruir relacionamentos familiares. É possível surgirem níveis de tensão, raiva, confusão e desespero que podem destruir, de forma surpreendentemente rápida boas empresas e famílias sadias. Algumas tragédias familiares acompanhadas de desastres nos negócios são de conhecimento público.

Infelizmente, os fracassos às vezes obscurecem a beleza de empreendimentos familiares bem-sucedidos. Quando trabalham em harmonia, as famílias podem trazer para a empresa níveis de comprometimento, investimento em longo prazo, ação rápida e dedicação ansiados por empresas não-familiares, mas raramente alcançados. As empresas familiares são tremendamente complicadas, mas, ao mesmo tempo, decisivas para a saúde da nossa economia e a satisfação de milhões de pessoas.

Nem sempre os profissionais estão preparados para lidar com a natureza especial desse tipo de organização. A influência das famílias sobre os negócios que elas possuem e dirigem muitas vezes é invisível para os teóricos e escolas de administração. Os tópicos principais do ensino de administração – comportamento organizacional, estratégia, finanças, marketing, produção e contabilidade – são ensinados sem que se diferenciem empresas familiares e não familiares.

Os modelos econômicos subjacentes à maior parte da ciência da administração dependem da "intercambiabilidade" dos responsáveis pelas decisões, portanto não faz diferença "quem" eles são. Normalmente as publicações de negócios tratam o envolvimento da família com a empresa como informação jocosa, outras vezes como irrelevante, mas raramente como uma característica importante.

Sistemas e organizações também envelhecem e mudam. A família composta por um jovem casal e seu bebê de seis meses não é igual àquela com filhos adolescentes, ou à família com avós idosos, filhos adultos e uma nova geração começando a estudar.

Analogamente, as novas empresas não são iguais àquelas que garantiram um lugar no mercado, mas estão preocupadas com o crescimento. Ambas são diferentes das empresas mais velhas, que estão perdendo vantagem e tentam gerar os novos empreendimentos que irão mantê-las competitivas no futuro. Devido aos papéis críticos desempenhados por pessoas chave em períodos prolongados, as empresas familiares são especialmente afetadas pelo inevitável envelhecimento de pessoas em cada um dos setores.

A lição mais importante aprendida nos últimos anos com as empresas familiares é que os modelos apresentados no dia-a-dia das organizações precisam levar em conta o tempo e as mudanças para que reflitam com exatidão o mundo real.

Entretanto, muitos dos mais importantes dilemas enfrentados pelas empresas familiares são causados pela passagem do tempo, envolvendo mudanças na organização, na família e na distribuição da propriedade.

As famílias são uma série infindável de entradas de pessoas através de casamentos e nascimentos, e de saídas através de divórcios e mortes. Todas as pessoas têm uma compreensão intuitiva, baseada na experiência de suas próprias famílias e do que cada uma dessas adições e subtrações muda fundamentalmente em suas relações. O mesmo se dá com as empresas, à medida que gerentes chave vêm e vão, quando novos proprietários assumem a responsabilidade pela empresa e os antigos a deixam.

É importante ver como toda empresa familiar muda à medida que as pessoas se movimentam nos limites internos do sistema. Em outras palavras, a movimentação de uma pessoa de um setor para outro, por exemplo, de "membro da família" para "membro da família/ funcionário", ou de "funcionário" para "funcionário/proprietário", também pode estimular uma reação geral em todo o sistema. A admissão em tempo integral do primeiro membro de uma nova geração na empresa, quando ele cruza a fronteira de membro da família e passa a fazer parte do corpo da empresa, é um marco importante. A primeira vez em que parcelas da propriedade são passadas a novas pessoas, membros ou não da família, também é um momento importante. Muitas dessas transições podem ser de fachada, embutidas em planejamento tributário ou uma doação, mas mesmo assim têm conseqüências de longo alcance.

O mesmo se dá com a aposentadoria de um alto executivo membro da família, ou com a venda de ações por um membro ou por um ramo dela. Os ajustes do sistema a essas mudanças e o seu significado nas vidas das pessoas estão no âmago de todo o fenômeno da empresa familiar. Enquanto os profissionais algumas vezes estarão pensando na possibilidade de trocar de emprego, ou estarão se empenhando no resultado de curto prazo em detrimento do longo, os executivos que também são donos do empreendimento darão sempre prioridade ao longo prazo, sendo esta a visão que tende a manter o seu patrimônio.

No contexto das mudanças empresariais, as empresas familiares têm sido objeto freqüente de observação e estudo pela importância que têm na economia do país e pelo potencial de desenvolvimento que representam.

Se é inquestionável a necessidade de mudar a gestão, em face das pressões da globalização e da integração das economias, são muitas as questões a serem respondidas quando se trata da gestão dessas mudanças na empresa familiar:

- Como mudar e em que direção, de modo a reforçar as competências da empresa familiar?

- Como superar suas dificuldades sem fragilizar sua peculiaridade de empresa familiar?

- Como profissionalizar ao máximo o gerenciamento, preservando o espaço dos familiares que têm projeto de participar da gestão?

- O que deve ser preservado como marca e que novos diferenciais devem ser construídos para torná-la mais competitiva?

Para quem participa de uma empresa familiar e se preocupa com sua condição de competitividade é vital buscar e responder a questões como estas, tornando possível formular soluções adequadas para fazer face aos desafios atuais e futuros.

Lodi (1987), ao tratar o problema da sucessão, aborda alguns motivos que levam as empresas familiares a falir:

> *"... a família não estava preparada para entender a empresa; a atitude dos familiares foi de dilapidação do patrimônio; o fundador consumiu suas energias na construção do império e não teve tempo para educar os filhos. A profissionalização descaracterizou a empresa familiar, após a idade de ouro do fundador, não se conseguiu uma reorganização satisfatória; na última fase da vida, o fundador deixou sua crise existencial dilacerar a organização; não há um sucessor preparado ou não há consenso na família sobre qual dos pretendentes deve assumir; a rivalidade entre irmãos desorienta os profissionais".*

Para que isso seja superado, tem que haver um investimento maior no profissionalismo, para que a atuação seja menos do "dono" e mais do "empresário". Contar com a ajuda de profissionais não familiares ajuda a consolidar um tipo de autoridade não personalista.

Pontos fortes e pontos fracos das empresas familiares

Quadro nº 1

Segundo Administradores Familiares	
Pontos fortes	**Pontos fracos**
Carisma.	Dificuldade de transferir este carisma para as futuras gerações. Dificuldades de delegar (só o dono sabe fazer). Medo de correr riscos. Não inova.
Não vê pontos fortes; normalmente só vê desvantagens.	Desacordos familiares geralmente só trazem desvantagens quando se administra um negócio.
Rapidez de decisão.	Incompatibilidade de personalidade com o controlador.
Lealdade e obediência dos empregados à tradição. Cultura empresarial muito forte.	Fracionamento do poder acionário na sucessão. Administração voltada para o dia-a-dia, devido à dificuldade de estabelecer planos em longo prazo, pelo conflito sobre as perspectivas dos negócios entre os membros da família. Conservadorismo. Pouca evolução tecnológica (fazer sempre as coisas de forma tradicional).
Segundo Administradores Profissionais	
Nome do fundador como um símbolo.	Indicação de pessoas para cargos importantes mais por amizade do que por competência profissional. Insegurança em relação à continuidade das políticas.
Considerar todas as pessoas de acordo com o que são.	Dificuldades de priorizar atividades em virtude de visão distorcida da realidade empresarial, afetada pelo nepotismo. Dificuldade em estabelecer homogeneidade de conceitos na administração da empresa.
Se a figura do dono é um bom exemplo, a empresa como um todo cria valores consentâneos com os do fundador.	Permite empregar profissionais não competentes.
Agilidade nas decisões.	As decisões baseadas em poucas pessoas podem não obedecer a uma lógica (podem ser muito pessoais).

Segundo Administradores Profissionais	
Pontos fortes	**Pontos fracos**
Propicia mais segurança no emprego, pois o contato com o dono é direto e torna as relações mais pessoais.	Geralmente, não há nenhum suporte econômico voltado ao crescimento da empresa.
Objetividade (os objetivos da empresa são claros).	Pouca liberdade para "sair fora dos trilhos".
Quando o patrão é atuante, é fácil corrigir desvios (desde que ele "compre a idéia").	A estrutura pode ser contaminada por pessoas que não tenham capacidade profissional para a função.
Geralmente o antecessor procura transmitir ensinamentos a seu sucessor, sobre o negócio em si e produtos, o que garante a continuidade e qualidade do produto final da empresa.	Paternalismo. Falta de rumos (as coisas são direcionadas pelo humor do dono). Formação do sucessor dentro da própria empresa ("ele adquire todos os vícios").
Direção firme. Aproximação direta dos diretores com a estrutura da empresa, transmitindo segurança e confiança.	Interesses pessoais. Conflito de interesses.Fragilidade diante do desaparecimento do fundador.
Liderança definitiva. Poder de decisão. Confiança.	Centralização de poderes. Envolvimento subjetivo.
Aproximação e compreensão humana. Poder de sugestão e persuasão.	Não conformidade com novas realidades. Adaptação e assimilação mais lentas.
Preocupação com a responsabilidade social, embora protecionista.	Ausência de preparação e desenvolvimento dos níveis de chefia e gerencial.
Mais humano, considerando o aspecto social dos empregados.	Receio de inovação (barreiras). Muita incompetência.
Relações informais entre os diversos níveis.	Conflitos de poder. Morosidade nas decisões. Excesso de centralização.
Tradição em tudo o que faz.	Muito atrito entre os membros da 2ª e 3ª gerações da família. Briga pelo poder.

Capítulo 2

As empresas familiares brasileiras diante dos novos modelos de administração

Administração Empreendedora

O empreendedor está sempre buscando inovações e oportunidades. Ele cria algo novo, mudando valores, não restringindo o seu empreendimento a instituições exclusivamente econômicas. É capaz de conviver com riscos e incertezas envolvidos nas decisões. Contudo, seu espírito empreendedor não é uma característica de personalidade. Qualquer indivíduo que tenha à frente uma decisão a tomar pode aprender a se comportar de forma empreendedora.

A administração empreendedora envolve aspectos culturais, psicológicos, econômicos e tecnológicos. O espírito empreendedor está relacionado com a satisfação de alguma necessidade, com a disposição para enfrentar crises, com a exploração de oportunidades, com a simples curiosidade ou com o acaso.

A capacidade de inovar é um instrumento específico e integrado ao espírito empreendedor.

Dentro das organizações, atribui-se ao empreendedor a habilidade de edificar negócios que geram empregos e a habilidade de manter naturalmente a inovação sistemática no seu negócio, diferenciando-o e mantendo-o competitivo no mercado.

O espírito empreendedor pode ser desenvolvido através da prática da inovação sistêmica, visto que a inovação é o instrumento próprio do espírito empreendedor, significando o monitoramento das sete fontes de uma oportunidade inovadora:

1. O inesperado: Sucesso, fracasso, evento externo, que mudam a situação e abrem novas oportunidades;

2. A incongruência: entre a realidade como ela é de fato e como se presume ser;

3. A necessidade da inovação: obrigando a empresa a repensar seus processos;

4. As mudanças na estrutura do setor industrial ou na estrutura do mercado em que a empresa atua, apanhando todos desprevenidos;

5. As mudanças demográficas: levando a empresa a adaptar sua percepção do consumidor;
6. As mudanças em percepção: disposição e significado, refletindo a dinâmica da sociedade;
7. O conhecimento novo: tanto científico como não científico, que abre novas portas à empresa atenta.

A ação do empreendedor está fundamentada em uma clara definição de dois aspectos primordiais.

1. A estratégia: dar foco ao que a empresa faz, quais produtos e quais clientes a empresa terá.
2. A cultura da empresa: indicando como fazer a preservação da cultura estabelecida pela vivência, através de valores, exemplos de atitudes, práticas na condução do negócio, visando aumentar a capacidade competitiva.

Administração Virtual

A revolução da informação está transformando toda a sociedade. A corporação virtual é apenas uma das conseqüências.

Como exemplo, temos as lojas virtuais, com alto grau potencial no fornecimento das informações, já que você pode pensar em praticamente qualquer produto e vai encontrá-lo na Internet, onde, além de se encontrar uma grande variedade de opções, modelos e demais acessórios, obterá todas as informações do fabricante e dicas de clientes.

A nova concepção do *business* (negócios) apóia-se em um novo formato de empresa, as corporações cibernéticas. São empresas virtuais onde não existem mais áreas de atuação como contabilidade, compras etc. O que domina são os sistemas de informação, que funcionam numa base altamente informatizada. A informação passa a ser, portanto, um recurso tão importante quanto os recursos humanos, financeiros e tecnológicos. Também existe a propaganda digital que é uma nova ciência que reúne arte e tecnologia para uma atuação que, pela primeira vez, age simultaneamente no individual e no coletivo.

Através da corporação virtual, muitas conquistas que pareciam impossíveis tornam-se possíveis graças a essa arma estratégica: a tecnologia da informação.

Os hipermercados, além dos depósitos, dos escritórios e demais componentes, contam com uma corporação virtual, representada pelos dados que eles armazenam e processam. É nessa corporação virtual que fica o mapa do depósito, com localização e disponibilidade dos produtos estocados atualizadas dia-a-dia. É na corporação virtual que são guardados os *tickets* de venda, enviados à noite pelos caixas dos supermercados ou magazines. É nela que é totalizado o faturamento por produto, loja ou região, que é calculada a lucratividade de cada um dos milhares artigos à venda. E, com base nesses dados, o próprio computador determina a posição que cada produto deve ocupar na prateleira, conferido mais destaque aos mais lucrativos, dando mais espaço aos que vendem mais.

De acordo com o Instituto de Economia de Classe Média, em Trier, na Alemanha, a administração virtual se define através da maneira de utilização de tecnologia de informação e processamento de dados, através da maneira de prestar um serviço e pelo seu papel desempenhado. Disto resultam quatro tipos de administradores virtuais, sendo:

1º: Os Pioneiros: desenvolvem novos produtos e criam mercados completamente novos, tais como comércio eletrônico, softwares específicos.

2º: Os Reformadores: desenvolvem hardware e software para dirigir de maneira inovadora mercados preexistentes. Exemplos: casas de leilão, comércio de automóveis, mediação de empregos.

3º: Os Multiplicadores: caracterizam-se por usar as novas técnicas em relação a novos serviços, como provedores de serviços de Internet.

4º: Os Guerrilheiros do Mercado: através do uso da Internet fazem concorrência a outras empresas já estabelecidas no mercado, no mesmo ramo de atividade destas. Exemplos: livrarias, lojas de vinhos, lojas de CDs.

Cada um dos modelos acima mencionados utilizou-se da mesma

técnica, a Internet, podendo usar diversas tecnologias de comunicação. O que interessa nesses casos é o fato de todos estarem utilizando formas de comércio virtual, ou seja, estarem negociando algo que se sabe que existe, mas que no momento da transação comercial não pode ser sentido por qualquer dos sentidos (mesmo que a música dos CDs chegue muito perto, não se pode tocá-los). Esse mesmo conceito de virtualidade pode ser usado relacionado com outras atividades dentro de uma organização. As videoconferências nada mais são do que reuniões virtuais, a execução de tarefas pré-programadas em um computador também é virtual, o simples uso do cartão de crédito é virtual, ou não se estaria usando dinheiro que existe apenas dentro do espaço virtual da conta bancária de cada um, e o acesso de dados remoto 24 horas por dia é apenas mais uma das facilidades oferecidas pela virtualidade.

Os avanços tecnológicos nas áreas da telecomunicação, computação e a cada vez maior fusão entre essas duas tecnologias têm alterado profundamente não apenas a maneira de administrar um negócio, mas toda a ordem mundial, pois a rapidez na comunicação entre as unidades de um negócio e entre a empresa e o mercado tornou as respostas ao meio ambiente muito mais rápidas; exigindo que todos os concorrentes se adequassem a essas novas realidades para não ficarem em desvantagem. Isto não apenas no que diz respeito à aquisição de equipamentos e treinamento no seu uso, mas também na estrutura organizacional das empresas, derrubando cargos desnecessários e tornando a hierarquia mais horizontal, a fim de permitir uma comunicação mais rápida e facilitar as comunicações informais.

Um grande fator interessante e caracterizante da gestão virtual é que o procedimento é executado com ambiente de imprevisibilidade e com transformações contínuas. Entretanto, na gestão de produção do item a ser vendido, os procedimentos presenciam todas as dificuldades inerentes a tal produção, uma vez que os produtos e serviços continuam existindo de fato. Portanto, um significativo diferenciador é a rapidez e a proximidade que a administração virtual proporciona.

Um "laço *on-line*" se conecta com as organizações empresariais e os grupos interessados no negócio. O fator principal para a corporação virtual é o controle dos resultados e não necessariamente a propriedade dos processos; sendo assim, a empresa virtual pode assumir alianças entre duas ou mais empresas, reforçando a terceirização.

Para a corporação virtual, dois aspectos são dignos de destaque: um por parte do cliente, que vê a instituição virtual como uma entidade que está sempre pronta a atendê-lo, independente do momento, do lugar e de outros motivos; e um por parte da empresa, que visualiza o negócio baseada nas informações em tempo real, e suas relações com o cliente no mercado.

O que é um Produto Virtual?

Produto virtual é aquele que pode estar disponível a qualquer momento, em qualquer lugar e em qualquer variedade, sendo produzido graças ao processamento das informações, à dinâmica organizacional e aos sistemas de fabricação.

O desenvolvimento de produtos virtuais exige uma rede de informações sobre mercados e necessidades de clientes, sua combinação com novos métodos de projeto e processos de produção integrados por computador, unindo funcionários, fornecedores, distribuidores, varejistas e clientes.

Vitrine Virtual

São empresas que dispõem de *home pages* na Internet com catálogos de produtos, suas fotos e preços.

Os Mandamentos da Corporação Virtual Vitoriosa

Foram identificados aspectos fundamentais, na filosofia administrativa da corporação virtual:

1. Liderar mudanças, ao invés de ser refratário a elas.

2. Promover a necessidade de comunicação e a liderança simbólica, com um zelo religioso.

3. Tornar-se perito em comunicação e ser generalista, ouvindo as opiniões de todos.

4. Eliminar as paredes entre o departamento.

5. Atualizar continuamente os aspectos dos quais a empresa depende para seu sucesso estratégico.

Quais Empresas se Tornarão Virtuais?

Qualquer empresa, de qualquer setor, de qualquer porte, potencialmente poderá transformar-se numa corporação virtual, entendida como um negócio baseado em informações confiáveis *on line*.

Acreditamos que os impactos mais visíveis se farão sentir inicialmente nos sistemas educacionais e nos níveis de emprego. No primeiro caso, porque a corporação virtual exige pessoas mais qualificadas. No segundo caso, porque permite a expansão da automação e aumenta a produtividade dos vários processos, tendendo, portanto, caso não haja ampliação proporcional nas vendas da empresa, a gerar desemprego.

Do ponto de vista das organizações consideradas individualmente, as empresas estão fazendo o que é necessário para a sua sobrevivência no mercado globalizado. As empresas dependem das melhorias na qualidade e produtividade, proporcionadas pelas novas tecnologias, mantendo assim sua competitividade.

Administração Estratégica

Não importa o quanto se fantasie o futuro, ele será a expressão exata de nossas ações no presente. O exercício de Visão Estratégica nada mais é do que projetar no tempo os resultados que almejamos e agir no presente para atingir esses resultados.

É simples, mas está longe de ser fácil. Na verdade o primeiro e decisivo passo é estabelecer os objetivos. A maioria das pessoas sonha com o futuro, mas não sabe planejá-lo. Sonhar é uma parte essencial na construção de nossos resultados, mas não é suficiente para permitir a superação de obstáculos que geralmente nos fazem adiar ou desistir dos sonhos. A eleição de objetivos implica em saber tomar decisões, lidar com prioridades, saber dizer não ao que é urgente, porém irrelevante. A visão é saber o que se deseja, a estratégia é colocar isso no dia-a-dia, na agenda de trabalho. Quem desenvolve uma visão estratégica cria uma rotina que permite viver tudo o que se pretende no futuro, só que antes. Não tem a ver com decisões futuras, mas com impactos futuros de nossas decisões no presente. Assim como o presente é uma conseqüência direta de nossas ações no passado.

A segunda questão importante para se desenvolver a visão estratégica é antecipar tendências, verificar como o mundo vai progredir, perceber oportunidades, descobrir nichos, ver o antigo de um jeito novo. Essa percepção está intimamente ligada à intuição, o que significa que temos que aprender a gerenciar riscos e nos lançarmos a impulsos controlados. Não há como ter certeza sobre as oportunidades que se apresentam, entretanto o fracasso é aprendizagem, enquanto que a falta de ação é a ausência absoluta de resultados. Tentar, testar, treinar, essas atitudes são as bases do desenvolvimento intuitivo. É preciso estar aberto para o novo, para conseguir ao menos percebê-lo. Ver o todo sem perder de vista o detalhe é uma habilidade que é parte importante do exercício da percepção.

A visão sistêmica que nos permite identificar causas reais para as conseqüências que nos afetam é o terceiro e mais complexo passo da visão estratégica. Pensar em sistemas e não em partes isoladas e separadas é uma capacidade que pouco desenvolvemos. De um modo geral encontramos justificativas rápidas e simplistas para as dificuldades de nossa existência. A maior parte dessas desculpas são autoindulgentes e colocam a responsabilidade no externo, seja no governo, no mercado, na família ou na sociedade, mas distantes do verdadeiro foco de nossa vida: nós mesmos. A visão sistêmica exige autocrítica, que estejamos inseridos dentro do sistema de nossa vida e que sejamos responsáveis por ele. Nesse contexto não serve termos justificativas, mas entendermos a verdadeira causa das dificuldades (normalmente nós próprios) e agirmos de maneira eficaz para transformar resultados.

Por fim, a visão estratégica vai exigir de nós uma árdua tarefa, aplicar disciplina na elaboração de nossas atividades para realizarmos objetivos de médio e longo prazo. E a disciplina é diferente de ter uma metodologia rígida de ação, ou uma rotina imune a mudanças. Disciplina é alterar nosso comportamento, rever nossos hábitos, modificar nossos métodos tantas vezes quantas forem necessárias para o atingimento de nossos propósitos.

Ao invés de tentar ajustar nossos sonhos aos resultados que alcançamos, temos que transformar ações para alavancar resultados que sejam um retrato fiel dos sonhos a que aspiramos. Disciplina é perseverar até a conquista de nossas metas. Se isso exigir mudanças profundas em nossos hábitos e práticas, que assim seja. O importante é estar ligado a princípios éticos fundamentais, que possam nortear nossa prática de vida, ser um farol claro que ilumine nossa caminhada.

O caminho será construído sob essa luz, mas sem deixar nunca de enxergar o objetivo como destino a ser alcançado. O percurso vai sendo determinado de acordo com as percepções e análise sistemática do ambiente à nossa volta, porém a disciplina nos permite a manutenção da caminhada, a não desistência de nossos propósitos, a capacidade de realizar nossa visão estratégica.

Autodiagnóstico para a visão estratégica

- Quais são meus propósitos para o futuro?
- Eles estão descritos em forma de objetivos, de maneira clara e vinculados a propostas de mudança?
- Consigo perceber meus objetivos como viáveis, apesar de representarem um desafio de vida?
- Quanto estou disposto a rever meus hábitos e alterar minha rotina, de modo a alcançar minhas metas?
- Meus objetivos são suficientemente grandiosos para me fazer mover com perseverança e enfrentar obstáculos para atingi-los?
- Consigo identificar de maneira objetiva quais são minhas maiores dificuldades na concretização de meus propósitos?
- Sei perceber oportunidades e aproveitá-las de maneira eficaz?
- Sei criar oportunidades novas ou gerar soluções inovadoras em momentos de forte pressão? E em situações normais?

O que devemos fazer?

- Estudar experiências de personalidades, através da leitura de biografias e da pesquisa de artigos e reportagens.

O que fazemos	O que devemos fazer
Vivemos o curto prazo	Ampliar nossos horizontes, viver o hoje e saber o que queremos viver amanhã.
Repetimos rotinas	Aprender alguma coisa nova todo dia e alterar sempre a rotina para viver mais experiências.
Repetimos fórmulas	Ler mais, ouvir mais, ter mais idéias para gerar mais e melhores soluções frente aos novos desafios.
Nos acostumamos à insatisfação	Sermos inquietos, estarmos olhando ao redor à busca de oportunidades de progresso.

- Alimentar a criatividade, através da implantação de um sistema permanente de aprendizagem, que pode ser voltar aos bancos escolares, estudar um novo idioma, dedicar-se à pesquisa de um tema de interesse ou qualquer método diário de estudo.

- Obter informações, através de uma rede de contatos heterogênea formada por pessoas inteligentes e interessantes, que atuem em diferentes áreas (das artes à ciência), e da leitura atenta das notícias.

- Criar oportunidades, através da participação em grupos associativos, em sistemas voluntários, assumir compromissos além de sua atribuição, correr riscos, empreender em idéias novas.

- Estar sempre aberto a ouvir idéias novas, por mais estranhas que possam parecer a princípio. Isso sempre pode alimentar sua própria capacidade de ter idéias novas.

- Freqüentar ambientes diferentes, programar viagens e encontrar pessoas, para ampliar sua rede de contatos e sua visão do mundo.

- Ter sempre papel à mão para anotar idéias. Propor-se a ter no mínimo cinco idéias novas por dia. Isso obriga a ampliar sua percepção da realidade e aumenta sua criatividade

- Exercitar sua liderança dentro e fora da organização, habituar-se a assumir compromisso com o desenvolvimento das pessoas.

Essa é a melhor maneira de desenvolver a si mesmo.

Administração Participativa

De acordo com o Sebrae (2006), a administração participativa é uma filosofia ou doutrina que valoriza a participação das pessoas no processo de tomar decisões sobre diversos aspectos da administração das organizações.

Essa definição tem diversas implicações:

- Participar não é natural nos modelos convencionais de administração. Muitos paradigmas mantêm a maioria dos trabalhadores alienados em relação ao controle de seu próprio trabalho e à gestão da organização.

- A alienação desperdiça o potencial de contribuição das pessoas.

- A participação das pessoas envolvidas nos diversos níveis de decisão contribui para aumentar a qualidade das decisões e da administração, bem como a satisfação e a motivação das pessoas.

- Aprimorando a decisão e o clima organizacional, a administração participativa contribui para aumentar a competitividade das organizações.

Administrar participativamente consiste em compartilhar as decisões que afetam a empresa, não apenas com funcionários, mas também com clientes ou usuários, fornecedores e eventualmente distribuidores ou concessionários da organização.

A administração participativa é um dos campos mais complexos da moderna teoria geral da administração, envolvendo diversos conceitos, técnicas, experiências práticas e um profundo conteúdo filosófico-doutrinário.

Categorias

A. Envolvimento no processo decisório: o envolvimento no processo decisório vai além da simples comunicação. Envolver significa consultar as pessoas, individualmente ou em grupo, sobre a solução de problemas, no nível do local de trabalho. As pessoas passam a auxiliar a tomar decisões. Existem três tipos (níveis) de decisões, devendo-se esclarecer as responsabilidades de cada pessoa em cada um deles:

a.1) Decisões independentes – essas decisões podem ser tomadas por gerentes, supervisores e/ou indivíduos que não ocupam cargo gerencial. Elas não precisam de discussão informação ou acordo do grupo. São tomadas unilateralmente para acelerar o processo de resolver as situações de rotina.

a.2) Decisões colaborativas (ou consultivas) – são tomadas por gerentes individuais ou grupos de pessoas, a quem foi dada responsabilidade e autoridade para isso. Contudo, elas não podem ser impostas e precisam de discussão, participação e aconselhamento das pessoas que serão afetadas por elas. Entretanto, a decisão final cabe ao gerente.

a.3) Decisões tomadas por pessoas e grupos potencializados (*empowered*) – são tomadas pela equipe ou pela pessoa que recebeu poderes para tal ação e não precisam ser aprovadas ou revistas pela administração. Nesse nível, a pessoa ou grupo assume plena responsabilidade, tendo para isso a informação, a maturidade, as qualificações e as atitudes suficientes para decidir da melhor maneira possível.

Equipes autogerenciadas

Essa equipe é formada por um grupo de pessoas com um objetivo, que decidem como fazer para alcançá-lo, trabalhando dentro de uma área de autonomia definida de comum acordo com a administração. Suas principais características são as seguintes:

- Objetivos claros;
- Conhecimento por parte de todos os integrantes das tarefas necessárias para realizar os objetivos;
- Intercâmbio de papéis: grande parte dos integrantes pode realizar grande parte das tarefas;
- Os integrantes são multifuncionais e polivalentes;

- Os papéis de liderança podem ser desempenhados por diferentes pessoas e também são intercambiáveis. Quem é líder num momento pode ser liderado em outro;

- As funções de apoio à operação ou objetivo principal estão embutidas no próprio grupo: controle de qualidade, manutenção, suprimentos. Em alguns casos, o grupo assume funções de apoio administrativo, como seleção e treinamento de pessoal;

- A equipe dispõe de todas as informações necessárias para lastrear o processo decisório;

- A equipe tem autonomia para tomar as decisões que afetam mais de perto a realização das tarefas, compensação de faltas, planejamento de férias, requisição de materiais e serviços, seleção, treinamento e transferências de pessoal.

Participação na direção

Participar da direção (co-gestão) significa participar institucionalmente da estrutura de poder da organização, mais que simplesmente do processo de decisões de um dirigente ou de um departamento da empresa. A co-gestão compreende a representação institucional dos funcionários ou representantes de outras instituições na administração da empresa.

Participação nos resultados

A participação nos resultados pode ser implantada em qualquer estágio da vida da empresa. Existem várias modalidades de participação nos resultados. Os empregados podem participar do faturamento, dos incrementos nas receitas, das economias ou ganhos de produtividade, dos lucros e da propriedade da empresa. Comissões sobre vendas, abonos ou salários adicionais por resultados ou atingimento de metas, prêmios por sugestões que resultem em economias ou ganhos e distribuição de ações – eis algumas formas de propiciar a participação nos resultados.

A participação nos resultados fecha o círculo do mecanismo da recompensa: se as pessoas participaram dos problemas e decisões, também devem de alguma forma beneficiar-se dos resultados de seu esforço.

A participação dos trabalhadores nos lucros ou resultados da empresa está regulamentada pela Lei 10.101/00 de 19/12/00.

Autogestão

A autogestão consiste na autonomia completa, de uma pessoa ou grupo, para administrar um empreendimento. Diversas modalidades de administração participativa são consideradas formas de autogestão, mas nem sempre a denominação é correta. Na realidade, autogestão apenas existe quando os participantes de um empreendimento são também seus proprietários, como é o caso das cooperativas, repúblicas de estudantes, condomínios, associações, grupos de teatro, conjuntos musicais e clubes.

Vantagens

É através da participação que os trabalhadores se envolvem com os objetivos e resultados das empresas e se sentem parte integrante do processo produtivo.

Um planejamento sobre a implantação da gestão participativa nas empresas deve considerar os seguintes aspectos:

- Agrupamento dos membros da organização;
- Tecnologia utilizada;
- Tipos de relações sociais dentro da empresa;
- Objetivos da empresa;
- Os ambientes externo e interno, isto é, os condicionantes que influenciarão o projeto.

Os procedimentos abaixo relacionados orientam a avaliação da viabilidade da gestão participativa na empresa:

- Conhecer a realidade, isto é, analisar aspectos externos e internos, de forma a identificar, basicamente, qual é o objetivo da implantação da gestão participativa;
- Estabelecer os objetivos de mudanças: significa formular, para o curto, médio e longo prazos, o que se espera alcançar da empresa

quanto a crenças, valores, sentimentos e ações, tanto dos administradores quanto dos executores das atividades;

- Conhecer o que precisa ser mudado – tendo sempre em mente os objetivos e o diagnóstico da empresa;
- Avaliar os resultados, isto é, analisar se o processo vem se efetivando, a fim de realimentar o planejamento;
- Agir no sentido de enfrentar o desafio de transformar, o que requer, entre outras atitudes:
    - Libertação de preconceitos e tradições;
    - Entendimento da realidade como algo mutável;
    - Substituição de temor e da submissão do empregado pela participação; tratamento igualitário a todas as pessoas da empresa.

Vantagens da nova forma de gerenciar

- Desenvolvimento expressivo, proporcionando melhores resultados para a organização e para os indivíduos dela participantes;
- Participação eficaz dos trabalhadores nos objetivos da organização, gerando clima propício ao desenvolvimento qualitativo no trabalho;
- Distribuição eqüitativa de responsabilidade e dos resultados;
- Satisfação com a essência dos fatos e não com as suas aparências;
- Elevado grau de integração com a cultura da organização;
- Sólida base para as decisões;
- Aceleração das condições da competitividade da empresa;
- Estímulo das condições da competitividade na organização;
- Sustentação do diálogo e respeito às diferenças individuais.

Implantação da administração participativa

A implantação da administração participativa envolve mudanças em três dimensões da organização: comportamental, estrutural e interfaces.

O lado comportamental da participação: a administração participativa, em primeiro lugar, é a substituição dos estilos tradicionais de administrar pessoas – autoritário, impositivo, indiferente, paternalista – por cooperação mútua, liderança, autonomia e responsabilidade. Informar, envolver, delegar, consultar e perguntar, em vez de mandar, são as palavras-chaves da administração participativa no que diz respeito ao comportamento dos administradores.

O lado estrutural da participação: além dos aspectos comportamentais, a administração participativa também implica o redesenho das estruturas. Cargos, grupos de trabalho e a estrutura como um todo são organizados de modo que a participação dependa não apenas das atitudes e disposições favoráveis das pessoas, mas também e principalmente do sistema de normas e procedimentos. A estrutura deve estimular as pessoas à participação. Nas organizações tradicionais ou não participativas, acontece o inverso: os regulamentos, as carreiras, a divisão do trabalho e o próprio organograma são estruturados de maneira que o poder fique concentrado no topo da pirâmide.

Administração participativa de interface: na organização participativa, a administração é compartilhada em diferentes interfaces e não apenas nas relações com os funcionários. Clientes são consultados em determinadas decisões sobre produtos e serviços enquanto fornecedores, distribuidores e o pessoal de assistência técnica participam de projetos de engenharia simultaneamente. A organização procura ser um sistema participativo interno, do ponto de vista comportamental e estrutural, e também aberto para o ambiente externo, recebendo todas as informações que possam ajudar no aprimoramento de sua administração.

Administração por Objetivos e Resultados

Desenvolvimento profissional e pessoal

O desenvolvimento profissional e pessoal das pessoas passa por três estágios (barreiras), como pode ser visto no quadro abaixo:

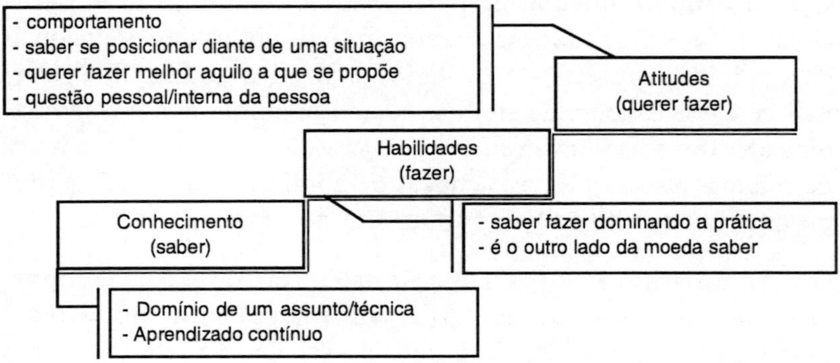

Fonte: Oswaldo de Oliveira Filho – UFPR (2006)

Além de possuir o conhecimento e as habilidades necessárias para a execução de um determinado trabalho, as pessoas precisam também tomar a atitude de fazê-lo.

As habilidades necessárias a um administrador voltado para participação e resultados

- Estratégicas: determinar políticas, objetivos, metas da empresa... O administrador deve ter a visão da empresa como um todo. Normalmente essas estratégias são definidas para um longo prazo.
- Técnicas: elaboração de planos setoriais de curto prazo.
- Humanas: habilidades de relacionamento (maior área de abrangência de um administrador).

A administração é o esforço de um grupo de pessoas promovendo e gerindo recursos (humanos, materiais etc.) em torno de um objetivo comum.

Os recursos utilizados podem ser os seguintes:

Pessoas	Máquinas	Matérias-primas
Recursos financeiros	Tempo	Espaço
Instalações	Ferramentas	Tecnologias etc.

O planejamento

- Planejar é preparar a ação. "Quem não planeja, planeja errar".
- Planejar é fazer um plano, pensar no que vai ser feito, saber ouvir, "estender uma ponte até onde queremos chegar".

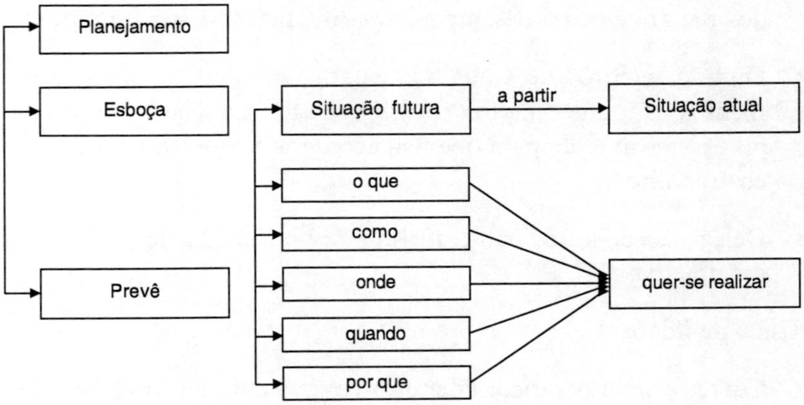

Fonte: Oswaldo de Oliveira Filho – UFPR (2006)

Elementos do planejamento:

- Objetivos;
- Meios;
- Procedimentos;
- Responsabilidades.

Habilidades necessárias para as funções de chefia

- Catalisar (assegurar o cumprimento de determinada regra) é diferente de controlar (acompanhamento periódico de determinada situação e ajustes).

- Organização é a segunda função mais importante;
- Organizar é estabelecer/criar uma estrutura que torne possível a execução de um plano de trabalho.

Princípios de organização

- Unidade de comando: as pessoas devem saber a quem "obedecer" para não receber ordens contraditórias. Princípio do organograma: a palavra organograma vem de órgãos, ou seja, cada um tem uma função.
- Alcance de controle: o volume de trabalho que cada pessoa pode acumular. O chefe deve ter um número máximo de subordinados para que possa desempenhar com eficiência sua função.
- Divisão racional do trabalho: separar atividades por departamentos para que cada um conheça sua função. Não dividir tarefas excessivamente para que não aconteçam sobrecargas ou pouco trabalho.
- Delegação de autoridade: atribuir responsabilidades para atingir objetivos.

Tipos de líderes

- Coercitivo/Autocrático: liderança conquistada na força, sem lealdade.
- Distributivo: o líder age com o resto do grupo, distribui tarefas e acompanha seus subordinados.
- Educativo: conscientiza seu grupo da necessidade de executar as tarefas.
- Inspirador: geralmente não dá ordens, o próprio grupo se dirige.
- Democrático: aproveita o que cada um sabe fazer.

Administração do tempo

Administrar bem o tempo não significa trabalhar mais arduamente, mas inteligentemente, programando o dia de trabalho.

Os 10 Mandamentos do Líder
☺ Respeitar o ser humano e crer nas suas possibilidades, que são imensas.
☺ Confiar no grupo mais do que em si mesmo.
☺ Evitar críticas a qualquer pessoa em público, procurando sempre elogiar diante do grupo, os aspectos positivos de cada um.
☺ Dar a cada um o seu lugar, levando em consideração os seus gostos, interesses e aptidões pessoais.
☺ Estar sempre dando o exemplo, em vez de ficar criticando o tempo todo.
☺ Evitar dar ordens, procurando a cooperação de cada um.
☺ Não assumir, mesmo de maneira provisória, a iniciativa de um trabalho que pertença a outrem, mesmo pensando que faria melhor.
☺ Consultar os membros do grupo, antes de tomar uma decisão importante que envolva interesses comuns.
☺ Antes de agir, explicar aos membros do grupo o que vai fazer e por quê.
☺ Ao presidir uma reunião, não falar demais, monopolizando o tempo e o assunto da reunião, mas sim coordenar/guiar os debates para obter as decisões do grupo, registrando-as imparcialmente.

Fonte: Oswaldo de Oliveira Filho – UFPR (2006)

Ninguém executa objetivos. Executam-se atividades. O objetivo é apenas o resultado alcançado num período de tempo.

Os 4 princípios da administração do tempo:

- Do objetivo: o que se pretende;
- Da concentração: concentração das forças para um objetivo;
- Da proteção do tempo: proveitosa utilização do tempo;
- Do controle: onde o tempo foi empregado e que resultados trouxe conforme o planejado.

Planejando o tempo e tarefas importantes: para planejar o tempo o ideal é estabelecer prioridades, programar atividades e recusar o que não conduz aos objetivos.

Mitos da eficiência do tempo

- *Decisões mais demoradas são as mais acertadas?* Nem sempre, porque se a decisão for muito demorada poderá se tornar obsoleta.
- *Melhores gerentes são assoberbados de trabalho?* Não. Um bom exemplo é o de Moisés, que nomeou vários "líderes".
- *Porta aberta aumenta a eficiência do gerente?* Nem sempre, constantes interrupções podem prejudicar sua eficiência.
- *Tempo deve ser planejado com eficiência?* O tempo deve ser adequado para cada situação.
- *Quanto mais alto o cargo das pessoas, mais tempo lhes é exigido.* Importante é não esquecer da vida pessoal. É essencial organizar o tempo de forma a aproveitar todos os aspectos da vida.

Os papéis de um gerente

- Efetivo: realizar os trabalhos normais do dia-a-dia de seu cargo;
- Paralelo: participação em eventos em nome da empresa, apresentação de trabalhos, palestras.

Geralmente os gerentes gastam 60% de seu tempo (ou até mais) resolvendo problemas relacionados a recursos humanos e 40% com problemas técnicos ou operacionais.

Categorias da utilização do tempo

- Importante / urgente
- Importante / não urgente
- Não importante / urgente
- Não importante / não urgente
- Tempo perdido: tempo não aproveitado.

Aspectos táticos e estratégicos da administração do tempo

Existem dificuldades estratégicas e táticas para implantar idéias para melhor administrar o tempo. Algumas sugestões:

- Aspectos estratégicos: demonstrar benefícios das novas idéias; apoio da chefia para as mudanças; explicar idéias antes de implantá-las (gradualmente); ser flexível respeitando o ritmo das outras pessoas; ser persistente.

- Aspectos táticos:

  - *O chefe*: respeitar a hierarquia, evitar dizer não sem explicação, deixar que a decisão continue com ele; marcar contatos com horários pré-determinados para evitar interrupções.

  - *Subordinados:* solicitar alternativas de solução para os problemas que lhe trazem; horários pré-determinados ou marcados; tratar dos assuntos de maior para menor importância.

  - *Secretária*: definir momentos diários para despacho; escrever e arquivar todas as instruções importantes para posterior consulta, documentação de maior importância para a de menor; interrupções somente através de bilhetes.

  - *Clientes:* reservar horários para atendê-los; definir "início" e "término" de reuniões; marcar contatos sociais ou pessoais no final do expediente ou durante o horário de almoço, quando o rendimento diminui.

Desperdiçadores do tempo			
Gerência por crises	Desorganização	Delegação ineficiente	Indecisão, procrastinação
Fazer coisas demais ao mesmo tempo	Incapacidade de dizer "não"	Informações e instruções obscuras ou atrasadas	Pessoal incapacitado e/ou ineficiente
Falta de controle (telefone, visitas inesperadas, etc)	Reuniões (falta comunicação, assuntos a parte, panelinhas, etc.)	Mesa entulhada	Responsabilidade sem autoridade
Falta de auto-disciplina	Tarefas inacabadas	Convivência social	Mudanças de prioridades

Fonte: Oswaldo de Oliveira Filho – UFPR (2006)

Delegação – O que delegar?

- O urgente (para ficar com o importante);
- O programável (para reter o não programável);
- O rotineiro (para ficar com o que requer inovação e criatividade).

- Delegar o que não nos agrada pode ser perigoso na medida em que as tarefas que delegamos são importantes ou inovadoras.
- A delegação de responsabilidade é sempre parcial, visto que o delegante será sempre o responsável final pela tarefa.
- As razões para delegação vão além de produtividade ou administração do tempo, mas também por motivos motivacionais, de treinamento etc.

Causas mais comuns da não-delegação:

- Originadas pelas chefias: falta de visão sistêmica do trabalho (não compara o mais importante com o menos importante); medo de perder o poder (quando avaliado pela quantidade de trabalho); medo de errar na escolha da pessoa a que se está delegando.
- Originadas pelos subordinados: não pedir delegação, delegar para cima evitando assumir o risco da decisão, incapacidade técnica, psicológica etc.; competência para a execução da tarefa solicitada.

Os erros mais comuns na delegação são delegar "o que" fazer e dizer também "como"; delegar responsabilidade sem autoridade (pode fazer o "o que" mas não pode decidir); indefinir limites quanto a prazo; não sanar as dúvidas dos subordinados; não definir previamente formas de controle; esperar perfeição do subordinado sem explicar o que se espera.

Administração por objetivos e resultados

Resumidamente, a administração por objetivos e resultados deve ser feita através de cinco pontos básicos:

- Dizer que resultados se espera (objetivos);

- Dar a oportunidade de fazer (meios);
- Fazer saber como está o curso da ação (supervisão);
- Ajudar, orientar e instruir (liderança);
- Recompensar de acordo com a contribuição (avaliação de desempenho).

Administração por atividade e reações	**Administração por objetivos e resultados**
Administração do tipo "em cima do joelho".	Administração planejada.
Nenhuma ou quase nenhuma preocupação com planejamento.	O planejamento é a base deste estímulo.
Não há a preocupação de definir e divulgar internamente missões, objetivos, estratégias e políticas.	A definição de missões, objetivos, estratégias e políticas caracterizam este estilo, que subentende a participação de toda a organização no processo.
O controle é dificultado pela inexistência de padrões de comparação.	O planejamento permite a adequada verificação dos resultados e a determinação de medidas corretivas.
Decisões tomadas à luz das circunstâncias e das paixões humanas.	As decisões são tomadas com base em planos, programas e orçamentos.
A eficácia é medida pelo "corre-corre" das atividades que se percebe, e pelo esforço despendido, mais do que pelos resultados produzidos.	A eficácia é definida basicamente pelos resultados que a ação administrativa oferece e não pelo montante de atividades produzidas.
O desempenho funcional é premiado por critérios vagos e subjetivos.	O desempenho funcional é premiado por critérios objetivos que enfatizam resultados a curto prazo e desenvolvimento a longo prazo.
Mérito é igual antigüidade ou esforço despendido ou "badalação".	Mérito é resultados produzidos.

Fonte: Oswaldo de Oliveira Filho – UFPR (2006)

As empresas de capital nacional que estão se expandindo, entre elas algumas familiares, foram aquelas que: formularam planos estratégicos baseados na hipótese de que a economia brasileira teria de se abrir no futuro; mantiveram-se atualizadas tecnologicamente; valorizaram contratos de exportação de longo prazo; procuraram manter-se líquidas; buscaram associação com empresas estrangeiras; perseguiram o objetivo de ser grandes para ter maior poder de barganha na compra de matéria-prima; tiveram gestão profissional; souberam separar negócios familiares dos empresariais; e procuraram conferir maior transparência quanto aos planos de investimento e aspectos contábeis (adotando padrões de contabilidade aceitos internacionalmente) para se habilitar à captação de recursos no mercado de capitais.

Mesmo quando familiares, essas empresas optaram por uma conduta profissional de fazer uma administração de sucesso.

Capítulo 3

Capitais que criam riquezas

Sempre se disse que as empresas têm três tipos de capital: capital financeiro, capital estrutural (fábricas, depósitos, sistemas de distribuição e itens físicos, como as redes de computadores) e capital intelectual (capacitações e bens intangíveis, como marcas ou patentes). Porém, na realidade, essas formas de capital não criam nova riqueza. Hoje, nem mesmo o conhecimento gera nova riqueza, já que se pode adquiri-lo de uma firma de consultoria ou comprar as patentes.

Existem, entretanto, três novas formas de capital que devemos desenvolver:

1. Capital da imaginação: Por que levamos vários séculos para aprender a colocar rodas nos equipamentos? A maioria das inovações que criam nova riqueza não é científica, mas conceitual. Quando alguém olhou por um microscópio pela primeira vez, não se tornou mais inteligente, mas viu as coisas de maneira diferente.

A primeira forma de aumentar o capital imaginativo é negar o mundo das ortodoxias e dos dogmas.

Uma das grandes ortodoxias das companhias aéreas era a necessidade de uma estrutura de rotas com um núcleo e raios: uma cidade central muito importante e rotas de longa distância que partissem dessa cidade. Até que apareceu a Southwest Airlines nos Estados Unidos e disse: "Vamos conectar algumas cidades e voar permanentemente ponto a ponto, assim não teremos de esperar a conexão e poderemos fazer os aviões só ficarem estacionados nos aeroportos por 20 minutos, aumentando o giro e, portanto, o uso do capital". Hoje, essa empresa tem uma capitalização de mercado maior do que as três concorrentes seguintes juntas.

Esse é o poder de desafiar a ortodoxia. Quais são as dez crenças que todos em seu setor econômico compartilham? É exatamente isso que você deve desafiar. O ponto de partida de cada conversa sobre estratégia em uma companhia tem de ser a desconstrução sistemática das ortodoxias daquele setor econômico. Uma maneira de chegar às ortodoxias é perguntar-se o que um cliente nunca diria a respeito do setor. Sobre o setor de aviação comercial dos EUA, por exemplo, ninguém diria que sempre há lugar para a bagagem de mão.

Uma segunda forma de chegar a essas oportunidades é ser um viciado em novidade.

E ainda uma terceira questão crucial é aprender a se colocar profundamente na pele do cliente.

Existem inovadores que estão elaborando modelos de negócio a partir do cliente para trás. É o caso da TiVo, cujo produto é um grande disco rígido de computador conectado entre o receptor de televisão por satélite e o televisor, que permite gravar os programas a que a pessoa deseja assistir sem a necessidade de indicar em que canal ou horário é transmitido. Quando você chega em casa, lá estão à sua disposição todos os programas que escolheu. Custa US$ 200 e pode destruir a economia de um setor. Entretanto, essas possibilidades só são vistas se uma pessoa se colocar no lugar do cliente e chegar a suas necessidades não expressas.

Fundamentalmente, devemos fazer duas coisas nesse sentido:

- Primeiro, permitir que alguns de nossos funcionários vivam a experiência completa de ser um cliente, para que comecem a compreender como é estar nessa posição.

- Segundo, e mais importante, é deixar que experimentem também outras funções em outros departamentos.

2. Capital para arriscar: O capital de risco é um segundo tipo de capital necessário. Observemos o Vale do Silício. Em nenhum outro lugar do mundo se cria tanta nova riqueza per capita cada ano. Por que as empresas estão tão longe desse desempenho? Porque o Vale do Silício não é uma hierarquia, é um mercado. E se aprendemos algo nos últimos 70 ou 80 anos, é que os mercados são melhores do que as hierarquias para alinhar recursos por trás das novas oportunidades.

3. Capital para relacionar-se: Capital de relacionamentos significa aprender de todos os lados.

Trate de olhar o mundo como um reservatório de capacitações e ativos, marcas, habilidades interessantes e perguntar-se quais dessas capacidades são possíveis de combinar com o que está fazendo para transformar seu negócio ou seu setor.

O objetivo, ao desenvolver esse tipo de capital, é impulsionar uma explosão de novas possibilidades de inovação.

Por fim, é preciso encher todo esse canal de inovação e criar um ambiente adequado que tolere o ativismo, que aceite pessoas rebeldes. A geração atual é resistente à autoridade; não se pode dizer-lhe o que é preciso fazer. No entanto, é preciso pensar como alertar essas pessoas para que sejam ativistas. As organizações devem institucionalizar o ativismo. Uma forma de fazer isso é dar uma determinada quantia de dinheiro na mão de funcionários que mostrem iniciativa e estimulá-los a sair em busca de idéias e trazer algo novo em que a empresa possa aplicar. O mundo é hoje demasiadamente complexo e muda muito rápido para depender somente da visão, da coragem e do ímpeto de quem está na cúpula.

A qualidade e a inovação

Hoje o tema não é a qualidade. A qualidade já está dada. O tema é a inovação: fazer da inovação uma profunda competência da empresa. Montar um canal de inovação leva poucos meses. No entanto, obter a capacitação e repeti-la ano após ano exige um compromisso sustentado. É preciso investir no capital imaginativo, que enfatize tanto a inovação como o gradualismo; assegurar-se de que o processo de gestão não mate, inadvertidamente, a inovação e garantir que a inovação seja um dos valores da empresa.

Este é o desafio: criar a empresa pós-industrial.

As forças que atuam

A mudança deixou de ser contínua para se tornar inesperada e o certo é que existem muito poucas pessoas e organizações capazes de mudar tão rápido como o mundo a seu redor.

Surgem os novos jogadores, as empresas que acabam de chegar ao mercado. Em qualquer setor, a maior parte da nova riqueza foi originada na última década, pelos recém-chegados. Outra coisa que está mudando são os ciclos de vida de produtos e serviços, cada vez mais curtos, porque os consumidores se entediam mais rápido. Mais uma mudança: as boas idéias e estratégias se difundem velozmente de uma empresa a outra. Há milhares de consultores no mundo todo dedicados a transferir as melhores práticas, dos bons aos medíocres, provocando uma convergência de estratégias no setor.

Para gerir este novo mundo, as empresas terão de ser capazes de reinventar sua definição não a cada dez anos ou em crises, mas talvez cada três ou quatro anos. Então, o que é uma inovação radical que deve prevalecer hoje? Ela pode originar-se de quatro modos:

- Da capacidade de pensar de maneira completamente diferente sobre produtos, serviços e mercados. Ela muda radicalmente as expectativas dos clientes. Quase sempre as inovações são como o DNA recombinante: trata-se de tomar as mesmas idéias e rearranjá-las de modo distinto.
- Da modificação da economia do setor quando tomamos alguma curva de melhoria e mudamos drasticamente sua forma.
- Da mudança do fundamento da vantagem competitiva. Como faz uma empresa, fabricante de cereais matinais, que está experimentando um novo modelo de negócio: uma pessoa pode comunicar-se on-line e pedir-lhe um pacote de aveia com passas e ela faz a mistura e a envia.
- Da modificação da distribuição da riqueza dentro de um setor. Existem dois inovadores, que estão preparando um serviço de rádio por satélite que permitirá ter, dentro de um carro, cem canais de rádio gratuitos com todo tipo de música, entretenimento e notícias. Pense em como isso mudará o mercado das rádios locais.

Capítulo 4

A empresa familiar: o que fazer? Melhorar

O que fazer para melhorar as chances de sucesso de uma empresa familiar? Deveria ser possível melhorar essas chances no mínimo até igualá-las às da empresa profissionalizada. Eu diria até, em teoria, que seria possível melhorar até tomar as chances da empresa familiar *melhores* do que as da empresa profissionalizada – isso porque se conseguirmos dar à gestão familiar eficiência igual à da profissional teremos, na empresa onde esses eficientes executivos são também donos, um empenho e interesse maior, além da maior agilidade na tomada de decisão.

Enquanto os profissionais algumas vezes estarão pensando na possibilidade de trocar de emprego, ou estarão se empenhando no resultado de curto prazo em detrimento do longo (isto é típico das empresas americanas, que se preocupam mais com o trimestre, e com a cotação das ações na bolsa, do que com o longo prazo), os executivos que também são donos darão sempre prioridade ao longo prazo, que é o que interessa quando o que está em jogo é o seu patrimônio. Esta teoria poderia explicar o sucesso continuado durante muitas e muitas gerações, até durante séculos, de dinastias familiares como Michelin, Dreyfus, Rothschild e outras.

Comunicação e entendimento

Uma premissa básica: se alguém está com vontade de levar vantagem, de passar para trás seus irmãos ou primos, nada vai dar certo. Melhor contratar logo um bom advogado e tentar negociar uma separação amigável.

Uma regra é fundamental: *diálogo.* Há que se comunicar. A comunicação tem de ser aberta, franca e transparente. Os acionistas têm de estar bem informados e, além disso, têm de se *sentir bem informados.* Especialmente os acionistas que não têm cargo na empresa precisam ter a certeza de que estão de posse de todas as informações relevantes para saber como anda seu patrimônio. Uma das coisas que traz problemas na empresa familiar é o acionista que sente que não estão lhe contando tudo o que acontece. Ele pode tornar-se um acionista hostil.

Recomenda-se esquematizar muito bem o sistema de comunicação familiar, que provavelmente funcionará em vários níveis. Uma sugestão é a criação do Conselho de Família, que incluirá todos os membros da geração que esteja no poder. Quando um membro dessa geração já tiver morrido, será representado por um de seus filhos, escolhido por seus irmãos. Foi muito comum, no passado, não admitir mulher nesse Conselho. Isso ainda existe, mas é ridículo, e quanto antes for abolido melhor.

Esse Conselho, freqüentemente muito numeroso, não existe para gerir a empresa ou empresas do grupo. Existe para se informar e para tomar grandes decisões como compra ou venda de empresas, ou a escolha do sucessor. O Conselho de Família também escolherá os representantes da família no Conselho de Administração de cada empresa do grupo.

Essa separação entre família e gestão é fundamental. O Conselho de Família é família, enquanto o Conselho de Administração é trabalho, é gestão. Deveriam fazer parte dele somente os membros da família que entendam do negócio, além de, se possível, membros externos, que como veremos no capítulo sobre o Conselho, têm muito a acrescentar Quando se misturam as relações afetivas de família com a gestão da empresa isso leva a decisões erradas.

É comum um herdeiro de empresa, principalmente se não entende do negócio, tomar uma atitude do tipo "Na empresa que papai criou ninguém mexe". Essa atitude, se prevalecer, acaba com qualquer empresa. Daí a necessidade da separação. Esse filho ou filha pode discutir no Conselho de Família, mas não deve se meter na tomada de decisões da empresa.

Supondo que já exista uma nova geração que ainda não está no poder, mas que já trabalha e se interessa pelos negócios da família, é conveniente a criação de um Conselho Jovem, onde estarão todos os membros do que será a próxima geração do Conselho de Família. O Conselho Jovem, embora não tome decisões, se reunirá trimestralmente, recebendo as mesmas informações que o Conselho de Família.

A Lei das Sociedades Anônimas, lei nº 6404/76, patrocinada pelo ministro Mário Henrique Simonsen nos anos 70, trouxe muitos fatores de modernização à empresa. Um deles foi a divulgação, entre nós, de algo que já era comum nos países adiantados: o acordo de acionistas. O acordo de acionistas é uma peça formal que, uma vez assinada, tem força de lei. E se a companhia for de capital aberto o acordo tem de ser registrado na Comissão de Valores Mobiliários, a CVM, e passa a ser de conhecimento público.

Um acordo de acionistas bem feito tenta prever tudo ou quase tudo que possa acontecer para afetar o relacionamento entre os acionistas, e preestabelece regras para resolver cada problema que surja. Os pontos básicos de um acordo devem ser negociados pelos acionistas entre si, possivelmente com a assessoria de um especialista, mas a redação final precisa ser dada a um advogado de primeiríssima linha, caso contrário o risco de ter falhas ou omissões é grande.

Uma coisa comum nesses acordos é a questão do direito de preferência no caso de um acionista querer vender suas ações. Geralmente o acordo dirá que o interessado em vender, antes de oferecer as ações a estranhos, tem de oferecê-las primeiro aos outros acionistas, dando-lhes um prazo razoável para decidirem.

Outro item comum é a questão do preenchimento dos cargos de diretoria – o acordo pode rezar que cada grupo acionário tem o direito de indicar este ou aquele diretor ou pode, ao contrário, dizer que a diretoria será preenchida por profissionais recrutados no mercado de trabalho e que não tenham vinculação com nenhum dos acionistas. Ainda podem ser previstas maneiras de dar liquidez a acionistas que queiram sair, regras para determinar preço e condições de compra de ações no caso de divergências entre sócios, e muitas outras coisas.

No caso específico da empresa familiar, sugiro a existência de um acordo de família, que não é necessariamente igual a um acordo de acionistas como o previsto em lei. O acordo de família, que será mantido em sigilo, explicitará, além do tipo de coisas citadas acima, o funcionamento dos conselhos de família e de administração das empresas do grupo, mais os assuntos que vêm a seguir: regras para a sucessão e para o ingresso de jovens da família na empresa.

Preparação para a sucessão

Após completar sua formação universitária, os jovens não deveriam ser admitidos imediatamente no negócio da família. Deveriam, isto sim, ir à luta, conseguir emprego no mercado de trabalho e fazer um pouco de carreira por conta própria. O jovem que fizer isso e tiver sucesso, chegando, digamos, a um cargo de gerente numa empresa não da família, por méritos próprios, terá muito mais moral para vir para a empresa familiar. Já terá mostrado que é bom, será mais respeitado pelos profissionais da organização, terá mais confiança em si mesmo e, talvez o mais importante de tudo, terá o respeito de seus parentes. Além disso, essa estada em outra empresa fará com que ele conheça outra cultura empresarial, evitando que absorva os eventuais vícios que qualquer organização tem.

Na tentativa de formar um líder é preciso ter em mente as qualidades necessárias para exercer esse difícil papel. A pesquisadora americana Alicia Turner Foster, em artigo publicado na *Family Business Review,* identifica quatro características básicas no líder de uma empresa:

- *Conhecimento do setor.* É preciso ter uma visão clara do mercado, da concorrência, dos aspectos legais ligados ao setor. É bom conhecer a evolução passada a fim de poder prever tendências e mudanças.

- *Conhecimento básico do produto e de negócios.* O futuro líder deverá conhecer a fundo os produtos, as técnicas de fabricação, o suprimento das matérias-primas cruciais, e ao mesmo tempo entender o mercado, os seus acionistas e suas necessidades. Em suma, além da visão global do setor citada no item anterior, ele precisa conhecer a fundo a empresa por dentro.

- *Capacidade de liderança.* O líder precisa saber motivar, inspirar, formar alianças à sua volta. Esse talento pode ser desenvolvido a partir das experiências vividas.

- *Autoconhecimento.* Conhecer-se e compreender-se é essencial para um líder. Ele precisa saber quais são suas forças e fraquezas, onde pode agir sozinho, onde deve procurar apoio.

A essas quatro eu acrescentaria mais uma: *a vontade de exercer o papel.* Infelizmente ainda acontece muito de o filho ir trabalhar com o pai simplesmente porque é isso que se espera dele. Esse jovem possivelmente irá sacrificar sua vida inteira para não correr o risco de desagradar ao pai, ao invés de criar coragem e dizer com clareza que sua vocação é outra.

Em seguida, a autora desse interessante artigo cita estratégias para desenvolver a capacidade de liderança:

- *Desafios estimulantes.* Aprende se muito mais fazendo que olhando os outros fazerem. Cada vez que a gente enfrenta um desafio novo, e consegue superá-lo, essa experiência enriquece e amadurece.

- *Feedback permanente.* É fundamental receber *feedback* dos colegas e chefes para que o jovem executivo aprenda a se conhecer, a corrigir suas falhas. Isso freqüentemente e difícil, já que boa parte dos funcionários tem medo de fazer críticas ao filho do patrão.

- *Aprendendo com os outros.* Aprender com os mais velhos é muito importante. Não necessariamente com membros da família – freqüentemente um jovem tende a rejeitar as opiniões do pai ou de um tio e elege um amigo da família, ou um executivo profissional, como mentor.

- *Cursos e leituras.* Aprendizado é um programa para a vida inteira. Um executivo, em qualquer nível, deve ter como programa fazer pelo menos um curso ou seminário por ano, e estar sempre procurando leituras que lhe tragam novas idéias e conhecimentos.

Regras para a sucessão

O primeiro item das regras para a sucessão do executivo-chefe, que deveria ter lugar de destaque no acordo entre os sócios, é determinar a época da sucessão. É imperativo evitar que os chefes tentem se perpetuar no poder, coisa que infelizmente faz parte da natureza humana.

Deve ser determinada uma idade de aposentadoria a partir da qual os executivos-chefes passarão para o Conselho. Essa idade não deveria ser muita avançada – 60 ou 65 anos parecem ser um bom número. É claro que aos 60 uma pessoa ainda tem muito a contribuir, mas essa contribuição pode ser dada no Conselho, abrindo caminho para a geração seguinte, que entre os 30 e 40 anos de idade já estará ansiosa para tomar o poder. O Conselho estará supervisionando esses jovens, cuja eventual falta de experiência será suprida pelos mais velhos.

Uma das razões que levam as pessoas a tentarem se perpetuar é o medo de ficar sem nada para fazer. Supondo uma expectativa de vida até os 80, um executivo que se aposente aos 60 ainda terá vinte anos de vida pela frente. É muito tempo sem uma ocupação. Um consultor especializado pode ajudar os futuros aposentados a planejar a aposentadoria, buscando um *hobby*, ou atividades comunitárias, ou ainda a criação de um pequeno novo negócio, que preencham o tempo e a necessidade de cada um de se sentir útil e produtivo.

Em seguida, é preciso disciplinar a entrada dos futuros herdeiros na empresa. Isso não pode ser feito de forma desorganizada. Uma prioridade é evitar que os filhos de acionistas que têm cargo na empresa sejam preferidos em relação a filhos daqueles parentes que são também acionistas, mas não estão lá dentro. Todos devem ter direitos iguais, e devem ser fixados requisitos mínimos (estudos, emprego fora) válidos igualmente para todos.

Quando as famílias começam a crescer, e existe a possibilidade de vários irmãos, ou primos, disputarem a chefia, é preciso usar uma regra preestabelecida para a escolha do futuro líder. A escolha deveria ser feita por mérito, e de forma democrática. Ninguém deve se tornar o chefe só por ser o mais velho, ou filho do atual chefe. Este possivelmente é o maior ponto de criação de conflitos nas empresas de família.

Peter Drucker, em seu livro *Administrando em tempos de grandes mudanças*, diz que a escolha do sucessor tem de ser confiada a uma pessoa que não pertença à família nem à empresa, para que seja feita com total isenção. Existem, no entanto, empresas familiares bem-sucedidas há algumas gerações, em que os membros do Conselho Familiar têm a isenção necessária para escolher pondo em primeiro lugar o interesse da empresa, deixando para um segundo plano o instinto de cada um de proteger seus próprios filhos.

Existem duas teorias com respeito ao acesso de membros da família a cargos na empresa. Uma, bastante usada na Europa, é que a cada geração escolhe-se um membro da família que será o futuro chefe, e só ele terá emprego na empresa. O resto da família vai trabalhar em qualquer outro lugar.

Uma variante dessa linha é a possibilidade de vários jovens de cada geração trabalharem na empresa, mas quando chegar a hora da escolha do novo chefe todos os que não foram escolhidos terem o compromisso de sair. A outra teoria, usual no Brasil, é a de portas abertas para a família. Essa é uma prática perigosa, pois qualquer família abriga pessoas menos competentes e, uma vez que elas entraram na empresa, mandá-las embora é complicado, podendo ser a causa de graves brigas familiares. O cabide de emprego, aquela empresa que tem lugar para todo mundo, mais cedo ou mais tarde terá problemas.

Outro aspecto importante dessa questão das regras para o acesso dos membros da família à empresa, e para a sucessão do comando, é a motivação ou desmotivação dos profissionais que lá trabalham.

A família, por maior que seja e por mais competentes que sejam seus membros, precisa de profissionais em todos os níveis. Não conheço nenhuma empresa familiar que não conte com a colaboração de gerentes e diretoria profissionais. E estes tendem a ficar altamente desestimulados se percebem que suas chances de crescimento são prejudicadas em função do protecionismo familiar.

A existência de regras claras pode amenizar o problema. Se o profissional souber que a presidência será sempre de um membro da família, mas que até o nível de diretor ele tem boas chances de subir, isso já é alguma coisa. Se, ao contrário, não houver regras e os membros da família estiverem ameaçando em todos os níveis, os bons profissionais tenderão a não ficar na empresa.

Uma pesquisa realizada com dez executivos profissionais em São Paulo e Rio, em empresas familiares de primeira linha, deixou claro que a presença de membros da família como concorrentes na obtenção de novos cargos ou promoções é vista como uma injustiça difícil de aceitar. A convicção de que membros da família são promovidos sem qualquer critério de mérito, passando por cima dos profissionais, é onipresente (e, infelizmente, geralmente verdadeira).

Transcrevo abaixo um trecho elucidativo de uma entrevista com um profissional de empresa familiar:

> *"Na história da empresa em que eu trabalho há dezenas de exemplos que eu poderia citar de pessoas da família em que se tentou colocá-las em várias funções, dando oportunidades excessivas... Existem dois tipos de pessoas na companhia: os que são da família, com que se tem uma tolerância maior para erros, e os que não são, que têm menos oportunidades e têm a obrigação de errar menos".*

Conselho de Administração

A Lei das Sociedades Anônimas, lei 10.406/2002, criou a figura do Conselho de Administração. Ele é obrigatório nas companhias de capital aberto, e facultativo nas fechadas. Independentemente disso, e mesmo para as empresas limitadas, recomenda-se a existência do Conselho. Cabe ao Conselho fazer o meio de campo entre acionistas e diretoria. Para tanto, é essencial que os conselheiros tenham a confiança dos acionistas e tenha competência para exercer o cargo. A existência de conselheiros externos ajuda muito: trazem novas experiências, a visão fria de quem não está emocionalmente envolvida, e atuam como uma força moderadora no caso de divergências familiares ameaçarem contaminar o funcionamento do Conselho.

Um bom Conselho deveria reunir experiências variadas. Um bom advogado é utilíssimo, um banqueiro idem, executivos de sucesso também, e se possível de ramos que tenham semelhança com o da empresa. Ao mesmo tempo, é interessante evitar que o número de membros aumente muito. Quanto mais gente numa reunião, mais difícil é torná-la produtiva. Ter mais de oito pessoas em volta da mesa já dificulta a condução e a eficiência da reunião.

Ética para sócios e parentes

Afora os instrumentos legais que regem as relações entre os sócios – tais como os acordos societários –, a estabilidade e permanência de boas relações dependem de se buscar constantemente os meios de elevar o nível ético das relações entre irmãos, parentes, sócios e colegas da profissão.

Um dos pontos cruciais é a identificação dos conflitos de interesse e dos abusos por meio de um Código de Ética. O outro ponto é encontrar oportunidade em reuniões do conselho e da diretoria para alargar a consciência dessas relações e exercitar a doutrinação nessa área.

Os mal entendidos não surgem somente da vaidade e da ganância – mas da desatenção e do primitivismo das relações humanas. "Tirar proveito" pode ser uma atitude inconsciente, porém é danosa. Agir preventivamente é a melhor política. Nas relações entre sócios não basta "ser de confiança"; é preciso "parece ser".

Coloca-se a seguir alguns temas para reflexão:

- Cuidado no desconto de despesas pessoais não comprovadas de reapresentação ou de viagem. Evitar o abuso em despesas de viagens, hotéis, com acompanhantes.
- Evitar a realização de negócios pessoais no escritório da companhia durante o horário de expediente ou usando pessoal interno em horário de expediente. Exemplo: compra de matérias-primas ou insumos para empresas particulares. Outro exemplo: desvio de equipamentos ou bens de produção da companhia para a prestação de serviços particulares nas residências ou nas empresas pessoais dos sócios.
- Evitar compra ou venda de bens pessoais usando crédito pessoal ou horário de companhia.
- Suspender definitivamente qualquer transação comercial entre o sócio e suas empresas particulares com a companhia, seja de fornecimento, de distribuição, de compra ou de venda. As que forem de interesse da sociedade deverão ser aprovadas em reunião de diretoria, onde o sócio interessado não deverá votar.
- Impedir qualquer atividade que favoreça o sócio e um concorrente, seja por meio de participação societária particular, seja por intermédio de qualquer tipo de comissionamento por assessoria a terceiros.
- Negócios que chegam ao conhecimento de um dos sócios, diretores ou conselheiros devem ser primeiro oferecidos à sociedade e

só depois do desinteresse dos demais sócios podem ser assumidos particularmente.

- Cuidado em dar brindes e presentes ou oferecer cortesias de bens ou serviços da companhia sem o conhecimento e o consentimento dos demais sócios. Mesmo aprovada a política de brindes e cortesia, a autorização deve envolver sempre dois diretores.

- Manter o respeito pela imagem e autoridade do presidente e dos diretores. Não expressar opiniões negativas sobre os colegas de diretoria com os funcionários ou o público externo. Controlar a origem de boatos depreciativos que se originam no interior da companhia. Controlar os "desabafos" pessoais.

- Evitar dar ordens a funcionários que estejam subordinados a outros colegas de diretoria. Evitar semear desconfiança ou prejudicar a credibilidade dos colegas de diretoria. Respeitar a hierarquia.

- Cuidado na representação externa (com autoridades e associações da classe) para não ferir a suscetibilidade ou a autoridade dos colegas de diretoria. Especial cuidado nas entrevistas à imprensa, na divulgação de fotos ou informações pessoais que possam criar ressentimento nos sócios e parentes. Da mesma forma nos contatos com autoridades e nos acordos comerciais. Definir com clareza "quem fala" com cada público externo.

- Transmitir aos parentes e sucessores diretos a mesma atitude de respeito para com a sociedade e para com os colegas do conselho e da diretoria. Ao constituir empresas para membros de sua família, verificar a ausência de conflitos de interesse com a companhia.

Transparência, eqüidade no tratamento dos acionistas e prestação de contas. Esses são os três pilares que sustentam a empresa familiar brasileira. Ter o seu próprio código de práticas de governança corporativa, aprovado por seu Conselho de Administração e colocado à disposição da comunidade. A adoção de padrões de conduta superiores aos exigidos pela lei e órgãos reguladores do mercado permite que os proprietários façam a gestão estratégica da empresa e monitorem a diretoria executiva.

O Instituto Brasileiro de Governança Corporativa (IBGC) ajuda as empresas a traçar essas diretrizes. Em 2001, lançou oficialmente o código com as práticas e as diretrizes de relacionamento entre os acionistas/cotistas, Conselho de Administração, diretoria, auditoria independente e conflito de interesses/ética. As práticas trazem recomendações do IBGC, do novo mercado da Bolsa de Valores de São Paulo e metodologia de pontuação em governança corporativa.

O conselho realmente cumpre a sua função de orientar e fiscalizar, pois não se mistura com a execução, permitindo maior controle sobre o que os diretores fazem. Com ele, as práticas de governança adotadas, que também foram embutidas no Estatuto Social, permitem minimizar riscos e garantem maior confiança das partes.

A governança corporativa é importante para dividir responsabilidades e profissionalizar a empresa. As decisões são tomadas em conjunto e há um comprometimento dos funcionários. A equipe se posiciona quando um futuro negócio não está de acordo com as diretrizes e valores da empresa. Isso transforma-se em valor para a empresa e para o produto. O consumidor e os parceiros percebem a mudança de postura.

Um modelo de código de ética para sócios e parentes

a) Compromisso com a continuidade da empresa: respeitar a integridade da empresa e zelar para que ela supere as suas crises, especialmente quando a família se encontra numa encruzilhada.

b) Prioridade do interesse da empresa sobre o interesse pessoal: colocar a empresa em primeiro lugar sobre a família e os interesses individuais. Priorizar o trabalho sobre o conforto, o coletivo sobre o individual.

c) Harmonia e união da família: investir nas forças que mantêm a família unida. Desavenças passadas entre dirigentes das famílias não devem continuar na geração atual.

d) Boas relações humanas dentro da família: procurar praticar a sinceridade, a justiça, o respeito humano, o consenso, a capacidade de ouvir e de harmonizar.

e) Comprometimento com a excelência: elevar constantemente o nível do desempenho pessoal e coletivo em benefício do grupo familiar. Colaborar para que a empresa esteja sempre voltada para a excelência de desempenho.

f) Não ingerência na linha hierárquica: evitar ordens ou sugestões a funcionários subordinados a outros chefes, a fim de manter sempre respeito pela cadeia do comando.

g) Identificar e reforçar os valores da família: procurar os traços positivos da cultura da família e construir sobre eles. Exemplo: determinação, disciplina, criatividade, atualização, trabalho, sentido de equipe, honestidade, sinceridade, objetividade, racionalidade etc.

h) Compromisso com a profissionalização: separar os direitos de acionista (a serem tratados em foro próprio) dos direitos e deveres dos administradores. Adotar um comportamento totalmente profissional dentro da empresa. Respeitar e fazer respeitar a autoridade e responsabilidade dos profissionais, procurando prestigiá-los.

i) Saber lidar com o comportamento político das pessoas: adotar uma postura esclarecida diante da política interna quanto a: boatos, favoritismo, articulações, feudos, defesa de território, interesses pessoais, intolerâncias, discriminações, preconceitos, busca de bodes expiatórios, perseguições, resistência a mudanças, tentativas de desestabilização de pessoas.

j) Manter um clima de respeito e orgulho profissional e familiar: manter um clima positivo, reforçando os pontos fortes das pessoas e da organização e deixando as críticas para momentos e foros apropriados. Evitar a maledicência: não falar mal de membros da família e da administração, principalmente junto a terceiros ou fora da empresa. Não levar para reuniões as discussões ou desavenças que possam ser resolvidas a dois.

k) Ética do dinheiro: tomar especial cuidado ao lidar com dinheiro e valores patrimoniais da sociedade. Atenção especial para com: reembolso de despesas pessoais, retiradas e adiantamentos, despesas de viagem, compras para uso pessoal.

l) Respeito pelo ser humano e atitude contra preconceitos: colocar-se contra qualquer forma de discriminação social, racial, religiosa ou política, procurando colocar a justiça social acima de qualquer preconceito.

Capítulo 5

Conselho de Administração e a multidisciplinaridade*

* Com a colaboração de Roberto González

Hoje se fala muito da importância da multidisciplinaridade para a gestão dos negócios. Várias empresas criaram as comissões multidisciplinares para a troca de conhecimentos. Em vez de matricular 20 pessoas em um curso de aperfeiçoamento, estas enviam cinco que, ao retornar, reproduzem o conteúdo e as conclusões para os demais profissionais. As empresas percebem cada vez mais que a troca de idéias e o diálogo entre um engenheiro e um psicólogo, por exemplo, sobre os caminhos trilhados e a trilhar pela companhia contribuem para ampliar a riqueza gerada. E todos ficam felizes: os acionistas, pois têm um maior retorno sobre o capital investido; os profissionais, porque participaram deste processo; a sociedade, pois acaba por receber mais recursos com o aumento da base de cálculo do imposto etc.

Se for praticamente um consenso que a multidisciplinaridade agrega valor à gestão empresarial, será que esta é presente nos Conselhos de Administração (CA)?

O Conselho de Administração elabora a visão não só para os próximos cinco anos. Para estes o CEO e sua equipe irão implementar e o CA acompanhar, mas onde a empresa estará nos próximos 10, 20, 50... anos? Para isso a multidisciplinaridade no CA é fundamental e a expressão desta nos Comitês é o melhor caminho.

Se os conselhos da Enron, Worldcom, Parmalat e outras fossem formados por grupos multidisciplinares, a história poderia ser outra. Com certeza, pelo menos reflexões mais profundas antes das decisões tomadas teriam ocorrido.

Se o CA é formado somente por profissionais da área de finanças, por exemplo, pode ocorrer que as decisões fiquem restritas aos números. Um CA formado por profissionais da área de humanas pode comprometer a sustentabilidade da empresa. Um grupo de profissionais com conhecimento em finanças, ética empresarial, sustentabilidade, marketing... a probabilidade de a empresa cometer erros gravíssimos diminui, afinal a troca de idéias com pessoas com pensamentos diferentes contribui para empresa chegar mais perto de uma decisão equilibrada e sensata.

No Brasil, até meados da década de 1990, tínhamos conselhos do tipo 'chá das cinco', em que os conselheiros se reuniam e batiam papo, mais sobre o último almoço da família do que a própria empresa em si. Em alguns casos existiam atas prontas já no inicio da reunião para não se perder tempo e todos assinarem, já que a lei assim o exigia. Nesta época já existiam os idealistas que lutavam pelos direitos dos acionistas não-controladores, muitos conseguiam lugar nos Conselhos de Administração, mas na hora da reunião o presidente – e dono da companhia – chamava os dois filhos e também conselheiros e dizia "podemos começar a reunião...", o chá chegava e a reunião acabava.

Mas esses idealistas sempre acreditaram que essa situação mudaria e, em 1995, fundaram o IBCA – Instituto Brasileiro de Conselho de Administração que, em 1999, passou a se chamar IBGC – Instituto Brasileiro de Governança Corporativa. Neste, a estrutura e o funcionamento do CA são pilares fundamentais, tanto que o primeiro Código de Melhores Práticas, lançado em maio de 1999, aborda exclusivamente o Conselho de Administração.

Depois dessa fase 'pré-histórica', que infelizmente algumas empresas ainda insistem em viver, passamos à fase 'dos notáveis'. Com a listagem das empresas brasileiras na Bolsa de Nova York aumenta a preocupação dos controladores brasileiros de aplicar boas práticas de gestão. E, para demonstrar isso aos investidores estrangeiros, convidam notáveis como ex-ministros para fazer parte do Conselho de Administração. Além de contribuírem com o conhecimento técnico, esses conselheiros emprestam a credibilidade do nome. Tem-se, assim, um CA de *pedigree*.

A fase seguinte pertenceu ao 'especialista em finanças'. Com os escândalos financeiros na terra do 'Tio Sam' tornou-se imprescindível ter nos CA profissionais com amplos conhecimentos financeiros para transmitir segurança aos acionistas não-controladores. Criou-se, pois, a figura do conselheiro profissional, a maioria advinda do mercado financeiro e algumas vezes indicados pelos próprios controladores. O mercado se tranqüilizou e esses conselheiros passaram a ser uma boa opção de representação para os acionistas não-controladores.

Com a lei americana Sarbanes-Oxley, o especialista em finanças com conhecimentos de auditoria ampliou seu espaço, afinal supõe-se que o comitê de auditoria seja composto por pessoas com esse conhecimento para assegurar a melhor prática na empresa. A lei também sugere a implantação do Comitê de Divulgação que, quando for constituído, provavelmente será formado por profissionais com conhecimento sobre os requisitos legais das informações relevantes e públicas. Entretanto, é aconselhável a participação de profissionais com vivência no segmento de comunicação empresarial.

E como fica a constituição do Comitê de Ética? A recomendação é ter pelo menos um profissional que conheça os conceitos de ética empresarial.

E o Comitê de Nomeação e Remuneração tem profissionais com conhecimento de gestão de pessoas?

Investidores, controladores ou não, o momento é agora. Se desejarem dar perenidade às empresas, pratiquem a multidisciplinaridade em seus CA formados por profissionais com conhecimento financeiro, ética, sustentabilidade etc.

Os públicos estratégicos (*stakeholders*) nas Assembléias e Conselhos de Administração

Faz parte do conceito de Sustentabilidade o diálogo com os mais diversos públicos estratégicos. A GRI (Global Reporting Initiative) defende que toda empresa expresse, em relatório anual, o relacionamento com os *stakeholders* durante o ano. Mas será que esse canal de comunicação pode ser estendido? Pode ele ser ampliado às Assembléias e aos órgãos de decisão corporativos?

Na Lei das S/A, no artigo 140, parágrafo único, figura um lembrete interessante: "...O estatuto poderá prever a participação no conselho de representantes dos empregados, escolhidos pelo voto destes, em eleição direta, organizada pela empresa, em conjunto com as entidades sindicais que os representem". Em suma: os profissionais de uma empresa podem ter um representante no Conselho de Administração. Mas podem haver outras formas de participação dos públicos estratégicos.

Empresas que já experimentaram a multidisciplinaridade comprovam que, quando um profissional tem assento no Conselho de Administração, passa a exercer um papel altamente estratégico, pois compartilha informações estratégicas e o ponto de vista dos trabalhadores; e não apenas o do capital representado pelos acionistas. Isso sem contar com a apresentação do clima organizacional.

O Conselho de Administração pode incluir na agenda, antes da reunião propriamente dita, a realização de um *warm-up* ou uma pauta de percepções, em que os diversos *stakeholders* apresentam a visão que têm da empresa e o que esperam desta no futuro. Os convites devem ser feitos com antecedência ao público reconhecidamente de interesse. O exercício dos participantes passa a ser enxergar (e dar sinais) como encaram a corporação hoje e amanhã.

Para os primeiros encontros, por ser uma situação nova para todos, pode-se estipular dez minutos para cada representante convidado a se manifestar; cinco minutos para a percepção existente e, para terminar, cinco minutos para o "futuro".

Aconselha-se que, em um primeiro momento, as empresas definam com critério os públicos estratégicos. Inicialmente, a boa prática pode ser o convite a seis representantes que, dessa forma, ocupariam sessenta minutos para as fases de manifestação, percepção e futuro.

O público estratégico que se expressaria pode ser composto, por exemplo, por representante do sindicato dos trabalhadores, que traria uma visão diferente do profissional que está no Conselho; uma organização ambiental; um representante do Legislativo ou do Executivo municipal, estadual ou federal; um concorrente direto; um cliente e um fornecedor.

O comitê, além de ser composto por conselheiros e especialistas no assunto, pode manter diálogos com públicos estratégicos da companhia que contribuam para o andamento dos trabalhos e tomada de decisões no âmbito do comitê.

Esse modelo pode valer muito bem para as Assembléias Gerais e pode contribuir para um comparecimento maior de acionistas, afinal será algo novo e diferente e todos os presentes receberão informações de como a sociedade (mercado) enxerga a empresa. Com certeza alguns acionistas sairão com boas ou más surpresas das companhias em que investem e é possível que alguns riscos e oportunidades se tornem evidentes.

É importante destacar que em nenhum momento está-se dizendo que as decisões serão tomadas pelos públicos estratégicos. Muito pelo contrário. Modelos como esses permitem a existência de diálogo nas esferas de decisão da companhia. Depois de se expressar, os públicos estratégicos se retiram e os membros oficiais, sejam do comitê, do Conselho ou da Assembléia, continuam a reunião e tomam suas decisões, só que agora com mais informações.

Para tomar essa decisão a companhia tem que estar disposta a rever conceitos, estratégias, deliberações etc., tendo em vista o melhor para a cultura corporativa. Caso contrário, é melhor nem pensar em promover encontros dessa natureza.

Cuidado com as palavras: Ética, por exemplo

No final de outubro de 2002, o presidente de uma empresa almoçou com o diretor financeiro. No diálogo comentou que tinha lido o Código de Ética de uma companhia e tinha achado interessante. O diretor financeiro comentou: "por que não implantamos um?". O presidente respondeu: "É, pode ser".

Ao voltar à empresa encontraram outros diretores, conversaram um pouco e o diretor financeiro comentou sobre o diálogo do Código de Ética. O diretor de comunicação se mostrou muito satisfeito com a idéia.

Em abril de 2003, a empresa conclui o Relatório Anual e o diretor de Comunicação diz que é conveniente incluir no texto que, em 2002, a corporação deu início a um grande debate para a implantação do Código de Ética...

Almoço de presidente com diretor financeiro é um "grande debate"? As palavras proferidas nos discursos do líderes empresariais são colocadas em prática? A ideologia e filosofia empresarial defendidas têm proporção com as atitudes corporativas? As empresas enxergam quais são os dilemas éticos e os debatem no Conselho de Administração?

Refletir é muito importante. Mas a reflexão pela reflexão não é para o mundo corporativo. Tem de haver um resultado prático para essa ação. Muitos eventos sobre Responsabilidade Social Empresarial trazem materiais e discussões altamente relevantes para as empresas, mas o que estas fazem para pôr em prática os conceitos e sugestões apresentados e qual o impacto para os acionistas e demais públicos estratégicos? Em curto prazo, ações meramente de reflexão podem até agregar valor à companhia. Porém, a construção ou a manutenção de imagem e reputação sólidas envolve planejamento, ações estruturadas e fundamentadas. Sem isso, corre-se o risco de destruir valor em vez de construí-lo.

Outra palavra crítica: transparência

Uma questão envolvendo estatuto e transparência financeira ocorreu com um organização do Terceiro Setor que defende a transparência e o bem-estar social, mas obter o estatuto dela e as suas demonstrações financeiras era uma verdadeira novela, e as contas ainda eram apresentadas em padrão contábil incompreensível e não auditadas. Pergunta-se: onde está a transparência, defendida pela própria organização?

Como esse, existem inúmeros outros casos verídicos que mostram que não existe entre nós o hábito da expressão do dever antes que algum *stakeholder* exija o seu direito, e em muitos casos não existe nem a exigência do direito. No mercado de capitais já existe um avanço no debate sobre a governança corporativa e um dos seus pilares é justamente a transparência das informações.

Caminhos da ética empresarial

De uns tempos para cá, e em especial após a *débacle* da Enron e o início de um ciclo de vacas magras para a economia mundial, vários participantes de organizações empresariais voltaram os olhos para a França. Ali, há mais de cinco anos, pratica-se a deontologia, um segmento da filosofia que estuda os princípios, os fundamentos e os sistemas de moral. Já são mais de 800 empresas que possuem um deontologista, uma exigência do Conselho do Mercado Financeiro local.

O deontologista é o guardião da ética mercantil. Ele analisa todo possível conflito de interesse e previne a empresa da tomada de qualquer decisão considerada antiética. A PriceWaterhouseCoopers francesa, por exemplo, é um exemplo para todas as demais no mundo, pois, além de possuir um deontologista no escritório, já desenvolveu uma cultura corporativa que estabelece ser a prática da deontologia nas empresas que atende como primordial para o sucesso empresarial.

Yves Medina, deontologista da PriceWaterhouseCoopers francesa, afirma que "a deontologia está se tornando um elemento fundamental da gestão para o sucesso das empresas numa nova etapa do desenvolvimento capitalista". Sem dúvida, essa é uma das formas de se implementar práticas de controle e segurança de gestão, focadas na ética.

Conselho de Ética

Se os deontologistas ainda são raros no Brasil ou de conceituação sofisticada demais para dirigentes, acionistas e outros, existe outra maneira de a empresa atuar quando o assunto é a ética. A formação de um Conselho para o trato desses temas, por exemplo.

O Conselho de Ética deverá ter vida curta, apesar de ser importante. É que, após a implantação e um período de trabalho e assessoria, passará as questões para os Conselhos de Administração (CA).

Se o CA, em pouco tempo, assumirá as atribuições, por que hoje mesmo não há a delegação dessas responsabilidades? A resposta é, infelizmente, curta e objetiva: nenhum CA no mundo está preparado para isso.

Aos poucos, o Conselho de Administração das empresas caminha para ter representantes das partes interessadas e atingidas pelas ações desenvolvidas pela corporação. Por isso, não só os detentores do capital ou seus representantes terão assentos nos CA.

Algumas empresas que atuam com produtos que podem causar impacto ambiental já analisam a possibilidade do convite a organizações ambientalistas para indicarem representantes ao Conselho de Administração. Parece óbvio, pois o sucesso empresarial está intrinsecamente conectado com o desenvolvimento sustentado. Trata-se, por enquanto, de ação isolada.

Em alguns lugares no mundo, algumas organizações do terceiro setor adquirem ações de empresas para poderem pleitear assentos nos Conselhos. Mas aí, quer queiramos quer não, teremos dois interesses: a organização do terceiro setor ativista e a organização do terceiro setor acionista, o que pode ocasionar um conflito de interesse.

O Conselho de Ética (CE) tem de ser o mais diverso possível e possuir, no máximo, cinco integrantes. Deve-se buscar não repetir o mesmo perfil, sexual, de etnia, filosofia etc. entre todos. O CE deve ser o responsável pela contratação das auditorias independentes e somente poderá ser destituído em uma assembléia específica em que os votos dos acionistas não-controladores têm que compor o quórum. Além disso, as decisões do Conselho de Administração passam a ser direcionadas para o CEO e para o CE, que também têm poder de veto, a partir de considerações sobre a sustentabilidade da empresa.

Muitos poderão dizer que esta estrutura engessa o fluxo dos processos dentro da empresa. O que deve ocorrer dentro da empresa para impedir este engessamento é a implantação de um azeitado fluxo de comunicação entre o CA, CEO, CE e o ERI (executivo de relações com investidores): transparente, objetivo e eficiente. A corporação tornará mais ágeis os processos e tranqüilizará os gestores e os membros do CA de que não estarão indo a um rumo da destruição moral (e, por conseqüência dos novos tempos, destruição econômico-financeira), pois o CE é o guardião para isto.

Da mesma forma que foi importante para as empresas publicar Balanços Sociais em separado dos Relatórios Anuais, para enxergar a relevância das informações de natureza social, hoje se inicia o caminho de volta, ou seja a publicação de apenas um único relatório em que o social está inserido em todos os momentos. O Conselho de Ética segue o mesmo raciocínio. Ele existirá até o momento em que os agentes relacionados com a empresa estejam maduros para que o Conselho de Administração execute também essa função.

Modelo de Código de Conduta

Apresentação

O Código de Conduta da Empresa X, detalhado a seguir, é resultado de um estudo que visa a regular as diversas situações que ocorrem no relacionamento existente na vida da empresa.

Desde sua criação, a visão da Empresa X foi pautada em valores. Esses valores devem nortear a conduta das pessoas que fazem parte do contexto da instituição Empresa X, essenciais para consolidar a imagem de empresa de qualidade e confiável.

Contexto Geral

Os padrões de conduta devem se refletir no relacionamento entre as pessoas que fazem parte do contexto Empresa X: profissionais, acionistas, clientes, fornecedores de produtos e serviços, representantes comerciais, entidades de classe, sindicatos, governos, imprensa e comunidades em geral.

O código de conduta da Empresa X está respaldado em princípios claros de responsabilidade socioambiental e governança corporativa e se pauta em práticas que sejam do conhecimento de todos. Esse conceito tem a ver com a qualidade de atitudes e ações das pessoas, podendo se afirmar que o ser humano é o grande direcionador da responsabilidade socioambiental e governança corporativa

A base para o código de conduta é o relacionamento interpessoal, fundamentado no respeito e na confiança, essenciais para atingir a sustentabilidade do negócio e garantir a perenidade da Empresa X.

Os padrões de conduta estão intimamente associados aos valores definidos pela Empresa X, fundamentais para o sucesso do negócio, que são:

- Satisfação dos usuários – compreende identificar quem são nossos clientes, o que eles precisam e procurar atender suas necessidades.
- Garantia de Qualidade – executar o processo corretamente, da primeira vez e em todas as vezes que tiver de ser repetido. A busca da perfeição. Definir com nosso cliente o que é certo, para que façamos nosso trabalho de forma correta, e exigir de nossos fornecedores o que é correto, jamais se conformando com os erros.
- Inovação constante visando a melhoria contínua – estabelecer a permanente vontade de mudar para melhor, em tudo o que se faz, antecipando as

necessidades e expectativas dos nossos clientes, através do desenvolvimento de novas metodologias de trabalho.

- Desenvolvimento Profissional – visar a capacitação e o treinamento como estímulo para o crescimento, a realização dos profissionais da Empresa X e o reconhecimento humano. Constância de propósitos. Ter persistência nos trabalhos desenvolvidos, com objetivos bem definidos, divulgados e aceitos por todos.
- Flexibilidade – em um setor em constante mudança, a Empresa X afirma-se e destaca-se pela flexibilidade e adaptação face à mudança, quer a nível interno, na relação com os seus colaboradores, quer a nível externo, na constante atualização e desenvolvimento de novas competências nas mais recentes tecnologias ou tendências mercadológicas.
- Competência – ser capaz de executar tarefas em tempo hábil e com menor custo, buscando sempre o aprimoramento técnico e pessoal.
- Respeito aos relacionamentos com os públicos estratégicos – com os acionistas, os profissionais da empresa, a comunidade, os governos, as entidades de classe, as organizações da sociedade civil, a comunidade acadêmica.
- Rentabilidade – nosso lucro é resultante de uma gestão eficaz, remunerando adequadamente nossos acionistas e respeitando os demais públicos estratégicos.

Responsabilidade dos Administradores

Compete aos conselheiros, diretores e demais executivos da Empresa X no exercício de suas atividades:

- Liderar através do exemplos, adotando atitudes e comportamentos coerentes com os valores Empresa X
- Promover e comprometer-se com uma conduta ética, incluindo o tratamento isento em situações que caracterizem conflito de interesse de relacionamento pessoal e profissional, seja efetivo ou potencial.
- Evitar conflitos de interesses, comunicando ao comitês ou comissão de ética e sustentabilidade qualquer relacionamento ou transação que possa presumir a existência potencial de situações dessa natureza.
- Tomar todas as medidas cabíveis para proteger a confidencialidade de informações restritas sobre a Empresa X, de natureza mercadológica, tecnológicos e financeiros.
- Comunicar imediatamente ao comitê ou comissão de ética e sustentabilidade qualquer violação a essas diretrizes.

Relacionamento com os profissionais

O relacionamento entre a Empresa X e seus profissionais deve estar respaldado no senso de justiça, motivação, respeito mútuo e na valorização do ser humano, na transparência e compartilhamento de responsabilidades.

A Empresa X deve oferecer as mesmas oportunidades de crescimento para todos os profissionais, rejeitando qualquer atitude de discriminação. Nenhuma decisão que afete a carreira de um ou mais profissionais pode ser tomada em função de preferências, vínculos pessoais ou interesses alheios à Empresa X.

A contratação de parentes de profissionais pode ser considerada, desde que sejam avaliados e concorram às condições de emprego em condições iguais às dos outros candidatos. Não é permitido o emprego de parentes de 1º grau na mesma área de trabalho, nem é permitida a relação superior-subordinado entre pessoas com laços familiares.

A Empresa X não admite qualquer forma de assédio moral ou sexual contra nenhum profissional. O assédio moral é caracterizado por abuso de poder, desqualificando, menosprezando ou humilhando o outro. O assédio sexual é caracterizado por alguém que faz proposta de caráter sexual a outra pessoa, negando-lhe a possibilidade de recusar pelo uso da intimidação, chantagem ou outro meio de coação.

Instalações, equipamentos, máquinas, matérias e informações de propriedade da Empresa X devem ser utilizados pelos profissionais apenas para fins de trabalho, de acordo com as normas da empresa.

Os profissionais da empresa não devem oferecer ou aceitar presentes ou vantagens econômicas de qualquer natureza, que possam ser correlacionadas com qualquer tipo de negociação no contexto da Empresa X, excetos objetos de pequeno valor classificados como brindes de marketing.

Relacionamento com parceiros

Os parceiros, caracterizados principalmente por fornecedores, especificadores, representantes comerciais, instituições financeiras, distribuidores e revendedores, têm um papel importante e estratégico para Empresa X. Devem ser construídos relacionamentos de longo prazo, com regras claras baseadas na confiança e comprometimento recíprocos, através do aprendizado e de experiências compartilhadas, estimulando práticas que resultem em sucesso conjunto.

Os parceiros da Empresa X devem ter seus direitos respeitados e preservados, bem como cumprir com suas obrigações, conforme contratos estabelecidos de comum acordo com as partes envolvidas.

Nenhum integrante dos quadros profissionais de parceiros pode pertencer ao quadro de profissionais da Empresa X, independente de nível ou área de atuação.

Não é admitido o fornecimento de produtos ou serviços por empresa(s) cujo(s) profissional(is), sócios(s) ou representante(s) tenha(m) laços familiares com administrador(es) ou executivo(s) da Empresa X que atue(m) em área usuária ou contratante, ou que esteja(m) em posição que possa influenciar diretamente a tomada de decisão.

Da mesma forma, não é admitida a venda de produtos ou serviços para distribuidores e revendedores, cujo(s) profissional(is) ou sócio(s) tenha(m) laços familiares com administrador(es) ou executivo(s) da empresa.

Tais situações aplicam-se a pais, filhos, irmãos, cônjuges, genros/noras, agregados diretos ou outros casos que se caracterizem como dependentes econômicos.

Relacionamento com acionistas

O relacionamento da Empresa X com acionistas deve ser pautado pela transparência, compreensibilidade, tempestividade e confiabilidade nas informações, através de comunicação clara, ágil e objetiva.

Relacionamento com clientes

A satisfação dos clientes é a razão do sucesso da Empresa X. Esforços devem ser direcionados para identificar o que é percebido como de valor pelos clientes, estabelecendo todas e quaisquer ações capazes de transformar esses valores em realidade lucrativas recíprocas, respaldadas em relacionamentos de longo prazo.

Os profissionais de qualquer nível hierárquico, caso sejam solicitados, têm a liberdade de falar com clientes. Entretanto as informações relativas aos clientes deverão ser encaminhadas à área responsável para atendimento.

A presteza e agilidade de respostas aos clientes são fundamentais para a imagem da Empresa X, sendo obrigação dos profissionais responder a todas as dúvidas do clientes e esclarecer, com transparência e respeito as políticas da Empresa X.

Não é permitida a venda de produtos ou serviços da Empresa X para clientes que tenham laços familiares com administrador(es) ou executivo(s) da empresa que esteja(m) em posição que possa influenciar diretamente a tomada de decisões. Tal situação aplica-se a pais, filhos, irmãos, cônjuges, genro/nora, agregados diretos ou outros casos que se caracterizem como dependentes econômicos.

Relacionamento com a comunidade

O relacionamento da Empresa X com a comunidade deve ser pautado pela compreensão dos anseios e necessidades desta. Sempre que a alteração do processo de produção alterar a rotina na comunidade onde tem suas instalações, a empresa se compromete a dialogar com a comunidade antes da tomada de decisão.

Relações com concorrentes

O relacionamento da Empresa X com concorrentes deve ser de respeito. A concorrência deve ser encarada como saudável e fonte de referência para novos desafios, promovendo o aperfeiçoamento e a inovação contínua.

Fora dos ambientes de associações de classe, não é permitido tratar com pessoas ligadas à concorrência sobre temas de qualquer natureza que possam afetar os interesses da Empresa X.

Relacionamento com organizações da sociedade civil sem fins lucrativos

O relacionamento da Empresa X com as entidades da sociedade civil sem fins lucrativos deve ser pautado pelo profissionalismo, zelando pelos interesses e compromissos da empresa de forma respeitosa e legal.

A Empresa X deve respeitar o direito de seus profissionais de se associar livremente a essas entidades, assegurando que não haja qualquer tipo de discriminação. A conduta dos profissionais que representam a Empresa X junto a essas entidades deve seguir rigorosamente os princípios definidos neste código.

Relacionamento com imprensa e divulgação de informação

O relacionamento da Empresa X com a imprensa de ter o comprometimento de disponibilizar informações consistentes e transparentes, respeitando os valores da empresa, os princípios éticos e a legislação vigente. Declarações ao público e à imprensa em geral somente devem ser feitas pelas pessoas expressamente autorizadas pela Empresa X.

Atividades e contribuições políticas

A Empresa X pode apoiar partidos e/ou candidatos cujas idéias ou propostas sejam consistentes com os valores da empresa. Todo e qualquer apoio dessa natureza deve ser efetivado estritamente de acordo com a legislação em vigor.

A Empresa X pode ir a público para manifestar posição sobre temas de seu interesse, representada por seus administradores e executivos, podendo também apoiar posição de entidades de classe que a representem.

Não deve haver restrição às atividades político-partidárias dos profissionais da Empresa X, mas estes devem sempre agir em caráter pessoal e de forma a não interferir em suas responsabilidades profissionais. Tais atividades não devem ocorrer no ambiente da Empresa X, nem envolver recursos, materiais ou equipamentos da empresa. Os profissionais da empresa tampouco devem usar uniformes de trabalho quando no exercício de atividades político-partidárias.

Meio ambiente

A prática da Empresa X em relação ao meio ambiente tem como prioridade a valorização da natureza, a prevenção e a redução dos impactos ambientais, através de ações e do comprometimento dos profissionais da Empresa X, da melhoria dos processos e da aplicação de tecnologias adequadas voltadas à responsabilidade socioambiental.

Comitê e Comissão de Conduta

Os organismos internos de conduta têm a responsabilidade de zelar e atualizar este código, promover sua divulgação e disseminar padrões de conduta adequados para Empresa X.

Também é de responsabilidade deles fornecer orientação aos interessados no caso de dúvidas quanto à aplicação do código, assim como a apuração e tomada de decisão quando verificados casos de violação dos princípios estabelecidos.

No caso de a comissão se defrontar com situações que possam gerar desconforto ou constrangimento para julgamento, o caso deve ser submetido ao comitê de ética e sustentabilidade e, persistindo o impasse, pode-se buscar apoio em árbitro externo, com isenção e independência, para emissão de parecer que ajude na solução.

A caracterização do comitê e comissão é:

- Comitê de Ética e Sustentabilidade: subordinado ao Conselho de Administração, composto por 3 (três) conselheiros, sendo obrigatoriamente um conselheiro independente. É a instância máxima de aplicação e avaliação de situações conflitantes ao código de conduta, relacionadas à posição de administradores e executivos, como também em casos que extrapolem as competências da comissão de ética.

- Comissão de Ética: tem como função principal coordenar a adoção do código de conduta por todos que fazem parte do contexto Empresa X, independente da área ou localização geográfica, reportando-se diretamente ao comitê de ética e sustentabilidade. Fazem parte da comissão de ética o Diretor Geral, Diretor de Produção e Comercial, Diretor Financeiro ......

Outros profissionais podem ser convidados para participar dessa comissão, desde que o assunto lhes seja pertinente e não haja conflito de interesse para julgamento. Não é permitida a participação de qualquer pessoa cuja situação de julgamento diga-lhe respeito, direta ou indiretamente.

Ações disciplinares

O Comitê de Ética e Sustentabilidade e a Comissão de Ética possuem autoridade para definir a aplicação de ações disciplinares para os casos em conflito com este código de conduta, de acordo com sua gravidade, utilizando-se como referência:

- casos leves: advertência verbal;
- casos moderados: advertência escrita;
- casos graves: suspensão disciplinar ao trabalho e até demissão por justa causa (artigo 482 da CLT).

As ações disciplinares aplicadas pela Empresa X não dispensam nem substituem eventuais penalidades legais por infração a normas ou regulamentos de órgãos ou entidades com as quais a Empresa X se relaciona.

Capítulo 6

Profissionalização e planejamento da sucessão na empresa familiar

Quando se fala em sucessão familiar logo nos vem à mente a questão que se segue: como garantir a continuidade do negócio? Serão os herdeiros capazes de manter os investimentos e aumentar os lucros?

Sabemos que o perfil do empreendedor dificilmente é encontrado de forma completa nos seus sucessores. Por outro lado, dar continuidade ao negócio já existente e de sucesso aparentemente garantido é muito mais fácil e cômoda do que partir para novos empreendimentos.

Trata-se de uma questão não apenas interessante como extremamente importante no que se refere às empresas brasileiras, na sua grande maioria originadas de empreendedores individuais.

Empresas nacionais, em sua grande maioria, nascem e se desenvolvem sob a forma de empresas familiares, sendo que várias têm herdeiros que se sentem efetivamente "sucessores" do negócio.

Via de regra, uma empresa familiar se caracteriza por ter o controle em mãos de uma ou mais famílias: pais, irmãos, filhos, sobrinhos, netos e agregados em geral. A maioria dos familiares nela trabalha e participa da gestão, ou pior, possui cargo como forma de perceber a mesada com o título de "remuneração".

Em vista disso, estatisticamente o que se nota é que grande parte das empresas familiares com essas características acaba por desaparecer, boa parte não sobrevive à segunda geração e apenas um pequeno número sobrevive à terceira geração.

Vale dizer que constatamos que, quanto menor for o nível de profissionalização de uma empresa familiar, tanto maior será seu risco de sucumbir e desaparecer.

Com a maioria dos familiares participando do quadro organizacional, todo o emocional e o racional de uma família se transpõem e contrapõem à estrutura empresarial da organização, gerando uma grande carga emocional na tomada de decisões e, por conseqüência, falta de objetividade e disciplina e conflito de interesses.

Esses elementos todos agregados conduzem, certamente, ao risco de divisão e exposição de conflitos, fraquezas e divergências, tanto para o público interno (funcionários e colaboradores) quanto para os concorrentes, já que as emoções passam a ser demonstradas abertamente. De um modo simplista, pode-se dizer que a "roupa suja" passa a ser lavada na empresa e não em casa.

Outro aspecto a ser considerado é a questão do gerenciamento financeiro. Invariavelmente confunde-se o caixa da empresa com as finanças pessoais, causando distorções e danos prejudiciais à saúde da organização.

A sobreposição entre os princípios familiares e empresariais

Os princípios familiares são por definição conflitantes com os princípios empresariais. Na estrutura familiar o que se busca é a satisfação das necessidades pessoais de seus membros, enquanto que em uma estrutura empresarial o foco é atingir metas relativas a conquista de mercado e lucro.

Além disso, a estrutura familiar congrega rivalidades, diferenças pessoais de gerações e entre sexos, sendo comum a aglutinação de grupos rivais, o que resulta na ausência de negociações construtivas.

Por outro lado, uma estrutura empresarial congrega a seleção efetiva de pessoal, com avaliação sistemática, treinamento e desenvolvimento dirigidos à atividade fim e, por conseqüência, a compreensão dos objetivos e metas e a eqüidade.

Assim, é comum identificar em empresas familiares a sobreposição de papéis, o favoritismo, o excesso de controle, de confiança e de segredos, envolvendo tanto os diversos grupos familiares quanto os profissionais que com eles trabalham mais diretamente. Como resultado, tem-se a ausência de qualquer conceito de governança corporativa, com uma mentalidade totalmente distorcida e não direcionada a resultados efetivos, do ponto de vista empresarial.

A conseqüência é a dificuldade crescente para atrair profissionais e talentos, de manter um nível adequado de investimentos no negócio, a dilapidação indireta do patrimônio e a perda da visão estratégica. A miopia toma conta dos sucessores, que não conseguem mais vislumbrar um futuro para essa organização nos moldes pretendidos por seu fundador. A falta do perfil empreendedor é nítida e faz-se notar nos mais variados níveis da hierarquia familiar. Os primeiros sinais de enfraquecimento surgem, para júbilo da concorrência.

Em busca de uma alternativa de sobrevivência

É perfeitamente possível uma empresa familiar sobreviver como tal, desde que se estruture no sentido de buscar uma clara definição entre os valores familiares e os empresariais, objetivando uma nítida separação entre família e empresa. Com isso, haverá a delimitação da propriedade, da família e da gestão, implicando no convencimento da necessidade de se implementar a institucionalização, adotando sistemas de governança e o planejamento de formação da sucessão dos líderes.

O processo de sucessão de acionistas

O processo de sucessão na empresa familiar é sempre arriscado e pode ser um período muito confuso e complexo na vida de um acionista, tanto em termos financeiros quanto emocionais. É durante esse processo que as empresas familiares correm alto risco de sobrevivência, sendo muitas delas vendidas ou fechadas pelos herdeiros.

Sem sombra de dúvida, processos de sucessão sem planejamento e mal conduzidos são os principais responsáveis pela vida curta de empresas familiares. Estudos feitos nos Estados Unidos mostram que, apesar de o número de empresas familiares ser muito grande, elas têm vida curta, ou seja, uma expectativa média de vida de apenas 24 anos. E ainda, para cada duas empresas familiares que continuam com a segunda geração, quatro não o fazem. Dessas duas que são bem-sucedidas, só uma passa para a terceira geração. No Brasil esses dados não devem ser muito diferentes.

Um correto processo de sucessão deve ser planejado com muita antecedência e implementado de forma gradual. A rigor, quanto mais cedo um acionista iniciar o planejamento de sua sucessão, maiores serão suas chances de êxito.

O processo de sucessão, em muitos casos, torna-se mais difícil porque tem que ser implementado de repente, com a morte prematura e inesperado de um acionista.

A seguir, apresentaremos algumas idéias que, bem implementadas, concorrerão para o bom êxito de um processo de sucessão, lembrando sempre que não existe uma forma geral de tratar este assunto, uma vez que cada caso requer uma solução específica.

Defina objetivos claros para a empresa

O primeiro passo é definir se a empresa continuará com a família nas gerações seguintes ou se deverá ser vendida. Em muitos casos, a venda da empresa, se não é a melhor, é a única solução.

Se decidir que a empresa continuará com a família, não deixe de elaborar um bom planejamento estratégico de longo prazo. Isso facilitará o entendimento do negócio pelo sucessor e será de grande utilidade para que ele conduza melhor a empresa.

Administre os conflitos familiares

O processo de sucessão sempre provoca conflitos dentro da família. Em adição a esses conflitos existem ainda aqueles entre a empresa e a família, em função das diferenças de finalidades. Enquanto a finalidade da família é cuidar e sustentar seus membros, a finalidade da empresa é fornecer bens e serviços com lucro.

Um bom instrumento para lidar com esses conflitos é o Conselho de Família, cujo funcionamento é diferente do Conselho de Administração, embora tenha algumas coisas em comum, tais como reuniões formais, muita vezes com a presença de consultores de confiança da família.

Selecione e treine o sucessor

O processo de seleção do sucessor é complexo e em alguns casos não é definitivo, uma vez que alguns sucessores selecionados, ao serem treinados e testados, não correspondem às expectativas.

Um sucessor sem treinamento adequado tem uma grande chance de falhar ao assumir o comando dos negócios. Se a sucessão por si só já é complexa, podemos imaginar os problemas que aparecem durante o processo, se conduzido por sucessores que não estão preparados e motivados para as novas responsabilidades.

Um bom programa de treinamento começa no berço, através de uma boa educação familiar, passa por uma sólida formação universitária e deve ser completado com uma experiência de trabalho fora da empresa familiar.

A partir daí, o sucessor deve se familiarizar com o negócio da família que irá comandar, começando sempre pela operação para depois subir na hierarquia da empresa.

Finalmente, deve-se criar condições favoráveis à carreira do sucessor e proceder modificações societárias, se necessário, para facilitar o poder dele sobre a empresa.

Abra mão do poder em favor do sucessor

A delegação de poder é um dos processos mais complexos dentro de uma empresa porque ela implica risco para os negócio. No entanto, sem delegação de poder não há sucessão. Ela também é a única forma de avaliar, treinar e motivar o sucessor. A melhor forma de conduzir esse processo é a gradual e que se inicia por decisões de menor risco.

Administre o impacto da sucessão sobre a cultura da empresa

Embora qualquer empresa deva viver em processo de mutação constante, a forma de tratar sua cultura é fator determinante para a sua sobrevivência a longo prazo. Além disso, uma sucessão com bom êxito depende do apoio dos empregados-chave, que poderão ser de grande valia para o sucessor pela confiança adquirida, lealdade à empresa e conhecimento dos negócios, e das qualidades de liderança do sucessor selecionado.

Equacione as suas necessidades de renda

A empresa bem-sucedida e lucrativa representa, muitas vezes, a melhor opção de investimento que o acionista tem. Além de conhecer bem o seu negócio, raramente dispõe de tempo para dedicar a outras oportunidades de investimentos. Portanto, durante o processo da sucessão, o acionista constata muitas vezes que a empresa é sua única fonte de renda.

Nesse caso, ele deve estabelecer a forma de receber rendas da empresa, através de um adequado balanceamento entre honorários, participação nos lucros e dividendos.

Implante ou modernize o Conselho de Administração

Essa pode ser a medida mais importante para o bom êxito de um processo de sucessão. Um Conselho de Administração eficiente e leal facilita o processo de sucessão, protege melhor a empresa diante da concorrência e cria as condições necessárias para o crescimento seguro dos negócios.

A eficiência de um Conselho de Administração atuante e não apenas estatutário é conseqüência direta dos aspectos que foram considerados na formulação de sua estrutura básica, na proposta para seu funcionamento e na atuação de seus membros.

Profissionalização dos Conselhos de Administração

No Brasil, as empresas familiares, que não são poucas, passaram ou estão passando por um processo de profissionalização de sua diretoria executiva, processo esse provocado não só pelas suas vantagens evidentes, como também pela necessidade decorrente do atual estágio de sucessão nas empresas, cuja maioria foi fundada a partir da Segunda Guerra Mundial.

Nos Estados Unidos a profissionalização na alta administração já atingiu o nível dos conselhos das empresas, ao ponto de recentes pesquisas revelarem uma predominância crescente do número de conselheiros externos nos Conselhos de Administração.

Não há dúvida de que esse processo de profissionalização das empresas já se iniciou no Brasil e deve crescer bastante os próximos anos, principalmente nas empresas mais modernas. As vantagens trazidas pelas presenças de conselheiros externos começam pela maior independência e visão externa e se completam pelas experiências e especializações desses profissionais.

Por outro lado, nunca é demais lembrar que o risco para os acionistas do processo profissionalizante da administração é menor, nos conselhos das empresas, do que no nível das Diretorias Executivas, uma vez que os conselhos atuam de forma colegiada em orientação e fiscalização e a diretoria atua de forma executiva nas operações. Além de que o Conselho de Administração trabalha em relacionamento mais estreito com os acionistas, possibilitando a esses um acompanhamento maior das ações desses conselheiros externos.

Alguns casos práticos

A seguir são apresentados alguns exemplos que servirão para ilustrar de forma prática e sucinta alguns conceitos que foram expostos sobre eficiência de Conselho de Administração.

Embora focando a descrição em algum ponto específico, todos eles se utilizaram da maior parte dos conceito sugeridos.

A presença do investidor institucional

Uma empresa de porte médio tinha apenas membros da família no seu Conselho de Administração e na sua Diretoria Executiva. Com a entrada de um acionista institucional com assento no Conselho de Administração iniciou-se um processo de profissionalização da gerência executiva com grandes benefícios para as operações da empresa. Isto, ao lado de uma atuação mais eficiente do Conselho de Administração, criou condições para que o patriarca da família iniciasse o seu processo de sucessão e ainda melhorou a imagem da empresa junto ao seu público externo e interno.

A boa interação de acionistas, conselheiros acionistas e conselheiros profissionais

Uma empresa familiar, industrial de grande porte e de capital aberto já estava nas mãos de quatro ramos da terceira geração da família quando tomou a decisão de profissionalizar o seu Conselho de Administração. Em função do seu tamanho, complexidade de suas operações e de sua estrutura societária, criou-se um Conselho de Administração que, num primeiro estágio, contou com cinco conselheiros acionistas e cinco conselheiros profissionais. A presença dos conselheiros profissionais ofereceu segurança aos acionistas e trouxe contribuições para a melhoria de eficiência das operações. Logo em seguida , a composição desse conselho passou a ser de três conselheiros acionistas e sete conselheiros profissionais.

Essa boa interação trouxe, ainda, harmonia à alta administração e possibilitou à empresa se modernizar e sobretudo atravessar períodos de grande turbulência.

A chegada do investidor de mercado

Este caso é representado por uma empresa de capital aberto de médio porte, com controle acionário concentrado apenas num ramo familiar. Com a chegada de um investidor de mercado que tinha direito a um assento no Conselho de Administração, foi possível uma reestruturação desse órgão que, entre outras coisas, contava com a participação de um número muito grande de familiares. A partir daí, criou-se um Conselho de Administração mais enxuto e mais atuante, que contou inclusive com a participação de conselheiros profissionais.

Isso trouxe maior eficiência à alta administração e melhorou a imagem da empresa junto ao mercado de capitais.

O jovem empresário

Este caso é muito importante porque apresenta um planejamento e início de processo de sucessão feitos com muita antecedência. Este empresário de sucesso, ao se tornar líder da classe aos 36 anos, precisava conciliar suas atividades empresariais com aquelas de liderança de classe. Par isso, profissionalizou toda a Diretoria Executiva de sua empresa e implantou o Conselho de Administração eficiente, ocupando a posição de presidente. Ao lado dos benefícios naturais de uma decisão como essa, quando sua próxima geração chegar à idade do poder e/ou propriedade, o seu Conselho de Administração já terá alguns anos de atuação e ajustes e com certeza será de grande utilidade para viabilizar o seu processo de sucessão.

A imensa quantidade de capital existente hoje no mundo está concentrada principalmente nas empresas. Isso faz com que a transferência segura e eficiente de empresas para gerações seguintes seja condição da mais alta relevância para a humanidade. Na empresa familiar, o processo de sucessão do acionista é complexo e requer um planejamento cuidadoso e uma condução eficiente, sob pena de a empresa não ter vida longa. Sem sombra de dúvidas, um Conselho de Administração eficiente e leal é o instrumento mais poderoso de que dispõe o acionista para legar com segurança sua empresa aos seus sucessores.

Estilo de gestores das empresas familiares

Segundo o Sebrae (2006), o perfil conservador e centralizador de alguns empresários colabora para que o problema da sucessão familiar se agrave. Esse traço de personalidade é muito difundido no meio empresarial, variando apenas de ramo de atividade. O empresário é um solitário, que enfrenta dificuldades por não querer levar preocupações para a família, clientes, fornecedores e para o resto da cadeia na qual se insere e necessariamente interage.

Questão jurídica

Se não for planejada, a sucessão familiar pode trazer problemas também juridicamente. "A falta de um planejamento sucessório pode levar o negócio à falência com uma rapidez incrível", diz o consultor jurídico do Sebrae-SP, Paulo Melchor. "O empresário tem de verificar a aptidão de seu herdeiro a fim de evitar a ocorrência de problemas jurídicos". Situações embaraçosas podem ocorrer depois da sucessão. A empresa pode fechar as portas pela inexperiência do seu novo líder, por problemas como inadimplência e processos trabalhistas, por exemplo.

Juridicamente, essa transição ocorre de duas formas: pela doação em vida ou pela morte do dono. Caso haja mais de um, a lei afirma que as outras partes têm o direito de decidir se aceitam o herdeiro como sócio. "Caso isso não ocorra, elas devem comprar as partes do herdeiro", esclarece Melchor. No caso de morte de um único dono, só há a transferência de bens. Se os herdeiros quiserem manter o negócio, eles devem dar baixa na empresa existente e registrar uma nova empresa.

Pesquisa

Não é fácil para uma micro ou pequena empresa sobreviver no mercado. Números mostram as dificuldades enfrentadas pelos empresários e a questão da sucessão familiar se destaca entre os dados. É o que mostra, por exemplo, a pesquisa "Sobrevivência e Mortalidade das Empresas Paulistas de 1 a 5 anos", divulgada em outubro de 2005. Segundo o economista do Sebrae-SP, Pedro João Gonçalves, um número elevado de empresas encerra suas atividades em até cinco anos de vida. Dos 3.463 empresários entrevistados, 20% atribuem o fechamento da empresa a problemas pessoais, nos quais está incluída, entre outros motivos, a sucessão familiar – 9% indicam desentendimentos com sócios.

Os demais fatores englobam falta de capital (25%), falta de clientes, inadimplência (11%), problemas de planejamento / administração (11%), problemas legais, concorrência, falta de lucro e perda do cliente único (23%). Dos dados dessa pesquisa pode-se também concluir que 29% das empresas paulistas encerraram as atividades no primeiro ano de vida e 56% até o final do quinto ano de atividade. Um outro estudo do Sebrae-SP, "Responsabilidade Social nas MPEs Paulistas", de dezembro de 2004, aponta que 25% dos proprietários das empresas que enfrentam problemas ou que têm de definir estratégias procuram familiares ou colegas, enquanto 21% tomam decisões após ouvir diretores ou gerentes. Já 18% seguem conselhos de outros empresários e apenas 3% ouvem ou se balizam pela opinião de profissionais especializados.

Capítulo 7

Tipos de temperamentos como diferencial de gestão familiar*

* Com a colaboração de Sandra Regina da Luz Inácio

Através de toda a história, filósofos, escritores, psicólogos e outros observadores da humanidade notaram sempre existir quatro "naturezas" distintas nas quais todos nós nos ajustamos. Que as pessoas são dotadas, ao nascer, com temperamentos ou predisposições para agir de certas maneiras é uma idéia muito antiga. Foi primeiramente proposta por Hipócrates, freqüentemente chamado de o pai da medicina ocidental, por volta de 370 a.C., e enriquecida pelo médico romano Galeno por volta de 190 d.C.

Hipócrates propôs que o nosso temperamento é determinado pelo equilíbrio dos nossos quatro fluidos corpóreos essenciais: se o nosso sangue predomina, somos "alegres" de temperamento; se a nossa bile negra, somos "sombrios" de temperamento; se a nossa bile amarela, somos "entusiásticos" de temperamento; e se o nosso fleuma, somos "calmos" de temperamento. Embora a ciência moderna tenha há muito tempo descartado essa fisiologia antiga, os quatros fluidos (mais tarde chamados de "humores") e os seus quatro temperamentos correspondentes descreviam padrões tão universais das pessoas que se tornaram a fundação da medicina grega e romana. De fato, foi Galeno quem deu aos quatro temperamentos os nomes pelos quais têm sido conhecidos através dos tempos: "Sanguíneo", "Melancólico", "Colérico" e "Fleumático". A observação dessa natureza humana em quatro formas retrocede mais ainda no tempo aos escritos judaico-cristãos.

Na época em que a Idade da Razão se estabelecia na Europa do século 18, filósofos tais como David Hume, Voltaire, Rousseau e Kant consideravam os quatro temperamentos uma questão de conhecimento comum. Romancistas do século 19, de Jane Austen e as irmãs Brontë a George Eliot e Tolstoi, criaram personagens baseados nesses quatro padrões de personalidade. E mesmo alguns artistas do início do século 20 também pensavam segundo esses princípios. Em 1901, o compositor dinamarquês Carl Nielsen subtitulou sua segunda sinfonia "Os Quatro Temperamentos", e em 1921 D. H. Lawrence escreveu sobre a natureza humana como sendo organizada segundo "quatro pólos de consciência dinâmica".

Então, no final dos anos 50, surge Isabel Briggs Myers, que, com o auxílio das teorias de Jung, realizou o trabalho sobre o tipo de personalidade que levou David Keirsey a escrever *Please Understand me*, o livro que reavivou o interesse popular pelos quatro temperamentos.

Nos tratados filosóficos elaborados pelos jesuítas, o conhecimento do temperamento é considerado com parte do estudo da alma (*anima*).

De acordo com LaHaye (1999:21), "Temperamento é a combinação das características inatas que afetam, no nível do subconsciente, o comportamento de um ser humano. Essas características são arranjadas geneticamente à base da nacionalidade, da raça, do sexo e de outros fatores hereditários. Essas características são passadas de pai para filho, através dos genes."

Ao contrário do que a maioria das pessoas acreditam, temperamento é muito diferente de personalidade e caráter.

Quando estamos exercendo um papel, seja de empresário, filho, pai, mãe, irmão etc., em cada uma destas situações vestimos uma "personalidade" diferente. Agimos de forma diferente dependendo das pessoas, ambientes e interesses que vivenciamos naquele momento.

Temperamento é determinado antes mesmo de nascermos. Quando uma mulher está grávida, se observarmos as atitudes do bebê dentro da barriga, já podemos identificar qual temperamento essa criança irá ter. Um exemplo claro disso é que, quando uma criança tem o temperamento colérico e na gravidez a mãe deita-se em uma posição da qual ela não gosta, imediatamente chuta a mãe e esta tem que mudar de posição. Quando a mãe ingere algo de que ela não gosta, imediatamente a mãe coloca tudo para fora. Sabemos que será colérico, aquele que lidera, manipula e que fará tudo para que as pessoas façam o que ele quer.

Caráter é o temperamento com que nascemos com a somatória do ambiente em que crescemos, nossas crenças, valores, família etc.

Por que é importante conhecer seu temperamento?

O temperamento define a forma básica de reação de cada pessoa frente à vida, aos seus obstáculos, bem como às suas graças. É a forma de apreensão do mundo e das experiências. Por exemplo, uma pessoa de temperamento melancólico (associado ao elemento terra) tende a ser lenta em suas ações e reações, pois necessita estar muito segura antes de qualquer movimento. Muito conscientes de todas as formas de limites, costumam ser pessoas mais circunspectas, sérias e exigentes. Tendem a fazer tudo dentro das regras e toleram mal erros e falhas. Isso as torna bons empregados e estressados se têm que exercer liderança. São amigos sólidos, mas o seu jeito pesado de ver o mundo impede que sejam os mais divertidos. Entendem a vida pela realização e concretização das tarefas, então lhes parece essencial serem úteis e reconhecidos pelo seu trabalho e esforço. Sentem-se feridas e sofrem quando não são reconhecidas assim.

Conhecer seu próprio temperamento é tomar posse, usar melhor suas forças e aprender a superar suas dificuldades. Conhecer o temperamento das pessoas que nos cercam é, com certeza, aprender a conviver muito bem com elas e, principalmente, aprender a somar habilidades para a superação das diferenças. Isso faz o convívio familiar, profissional ou social melhores. Isso faz o mundo melhor.

O Temperamento Sangüíneo

É o mais popular dos temperamentos, até porque é o mais capaz de lidar com todos, adaptando-se como o ar se adapta a tudo. O sangüíneo pode ir para qualquer lado, conforme peçam as circunstâncias. Entretanto, o que ele gosta mesmo é de ambientes onde haja boa convivência e boa circulação de informações.

Características do sangüíneo

Pessoas de temperamento sangüíneo tendem a ser rápidas em suas ações e reações, pois são naturalmente curiosas e querem terminar logo para seguir adiante e mudar de assunto. Interessam-se por tudo, o que as faz dispersivas. Desconhecem limites físicos, o que as expõe ao risco do desgaste e cansaço. Ignoram os limites do tempo, o que as faz marcar dois ou três compromissos no mesmo horário. Têm o seu mundo mental muito bem desenvolvido, sendo criativas e cheias de idéias. Seu grande desafio é ter a constância de comportamento para realizá-las. São pessoas muito interessantes e divertidas, tendo especial prazer em se sentirem aceitas socialmente (recebendo muitos convites para festas, eventos etc.), e mentalmente capazes, inteligentes e bem dotadas. Sentem-se feridas e sofrem se não são convidadas por um grupo ou se não conseguem mostrar suas idéias, se não podem criar.

Tipo extrovertido, falante, ativo e não aprecia monotonias, mas adapta-se com facilidade. Passa de um assunto a outro com facilidade. Gosta de trabalhos que envolvam movimentação e autonomia. Necessita de contato interpessoal e de um ambiente harmonioso, entretanto, não gosta de passar despercebido. É amigo de todos e atua melhor em equipe. É vaidoso e admira sua projeção pessoal e social. É imaginativo e tem sentimento artístico, rapidez e agilidade em suas atitudes.

Características profissionais do Sangüíneo

Por isso as profissões sangüíneas são aquelas que exigem muita interação entre pessoas de uma equipe ou o relacionamento com o público. Podemos pensar no jornalismo, em boa parte das atividades editoriais, em relações públicas, na promoção de eventos, em tudo aquilo que exigir uma adaptação imediata a problemas particulares para que eles sejam resolvidos – isso, é claro, sem machucar ninguém e mantendo o nível geral de felicidade do ambiente.

Áreas de Atuação Profissional: que tenham contato com público: vendas, jornalismo, dramaturgia (ator/atriz); publicidade; direito; cargos de coordenação/direção ou educação, políticos etc.

Os doutores sangüíneos são equipados com uma aptidão especial para deixarem seus pacientes sempre de espírito bom, em conseqüência de seu tratamento cativante, e seu sorriso radiante quando entram no quarto sempre tem o efeito para levantar o espírito de combate.

Para motivar um sangüíneo coloque-o em atividades que lhe forneça muito contato com o público.

Algumas qualidades do Sangüíneo:

1. É alegre e esperançoso;
2. Atribui grande importância àquilo que está fazendo no momen-

to, mas logo pode esquecê-lo;

3. É extrovertido e seus defeitos são visíveis a todos;
4. É caloroso, amável e simpático;
5. Atrai as pessoas como se fosse um irmão;
6. Adapta-se ao meio ambiente e ajusta-se aos sentimentos alheios;
7. Comunicativo, entusiasta, bom companheiro e compreensivo.

Alguns defeitos do Sangüíneo

1. Volúvel;
2. Indisciplinado;
3. Impulsivo;
4. Inseguro;
5. Egocêntrico;
6. Medroso;
7. Pouca força de vontade;
8. Explosivo;
9. Inquieto;
10. Egoísta;
11. Come tudo o que vê, sem tirar os olhos do prato;
12. Não se importa com os preços, mas seleciona tudo a fim de obter satisfação visual;
13. Geralmente não é bom estudante;
14. Gasta demasiadamente, ficando muitas vezes deprimido com isso.

O Temperamento Colérico

Cólera é a palavra grega para bílis, e colérica é a pessoa ativa, cheia de energia, empreendedora. Quando a grafia é negativa, o colérico é passível de acessos de raiva e irritação, aí teremos o Biliosão. Falando em colérico, logo pensamos em cólera, que significa raiva. Realmente o humor (gênio, temperamento, índole, caráter, disposição de espírito) desse temperamento é o mais "esquentado", mas isto não quer dizer que a pessoa seja má ou raivosa, mas que ela tem muita energia para gastar.

Características do Colérico

É um ser irradiante como o sangüíneo, mas no plano intelectual com ponderação e medida. Sua energia manifesta-se por resoluções inquebrantáveis (decidiu, está decidido e pronto!). Rápido nas decisões (principalmente pela sua impulsividade), perseverante, se tomar uma decisão mental, não discute mais, está resolvido. É um metódico que planeja não só sua intervenção como a forma e o momento. De sua vontade tenaz resultam dois sentimentos: a dignidade e o desprezo pelos que fracassam. É exigente com os demais porque o é consigo mesmo. É de caráter sério, sóbrio, concentrado, reflexivo e raciocinador. O tipo mais puro é lacônico, simplifica seus gestos, palavras exercendo um domínio constante sobre seus nervos e emoções. Sua vitalidade é forte. A sociabilidade é um meio para alcançar um fim.

Se praticar esportes, acaba querendo competir, nem que seja consigo mesmo: "hoje eu fiz isso em tanto tempo, amanhã vou fazer mais rápido". Em tempos antigos, o colérico seria um guerreiro, um cavaleiro, mas hoje em dia tudo o que não for relativamente inócuo ou controlado pelo governo é socialmente inaceitável. A questão principal, de qualquer modo, é que o colérico precisa de atividades que envolvam o dispêndio de energia.

Sua facilidade de contato lhe proporciona amigos em todas as partes. Sua afabilidade e agradável trato o fazem uma pessoa simpática e atrativa. Necessita ser aclamado e sentir-se importante em todos os lugares em que transita. Tende a ver as pessoas, os fatos e as coisas segundo lhe inspirem simpatia ou repulsa.

Devido à sua vaidade, sente-se estimulado sempre que possa rivalizar com os demais em seu trabalho, nos esportes e nas questões sociais de qualquer esfera. Sua finalidade é alcançar o topo, brilhar dentro do grupo social ou profissional, mais que qualquer outro. Busca cargos, honrarias e projeção social. Gosta de mostrar e ostentar.

Sua memória é mais visual do que auditiva. Retém pouco as conversações; os discursos o comovem, mas não ficam fortemente gravados em sua memória, todavia recorda com grande facilidade imagens e impressões visuais.

Características profissionais do Colérico

Possui inteligência objetiva, prefere o concreto ao abstrato. Sabe decidir e tem boa capacidade de comando. É um lutador que não desiste da luta nem perante os fracassos. Atua sem necessidade dos demais. Sua atividade é intensa, organizada, dirigida pela razão. Distribui suas tarefas e as realiza com regularidade, mas conforme sua vontade. Disciplinado e organizado em suas tarefas, metódico, rege sua conduta por rígidos princípios morais. No trabalho apresenta ordem, perseverança, concentração e eficácia. Não perde tempo com minúcias. Tem capacidade de mando. É voltado ao futuro, perseverante, enfrenta os problemas.

Disciplinado, organizado, metódico e sistemático nas suas tarefas, rege sua conduta por sérios princípios morais de respeito aos demais e seus bens.

Possui memória mediana e uma inteligência brilhante, objetiva e positivista, que prefere o concreto ao abstrato. Senso prático. Detesta a análise dos pormenores superficiais, vai à essência, buscando a síntese e a razão das coisas. Capacidade para mandar e dirigir.

Para motivar um colérico, convém mostrar-lhe a hierarquia do cargo, a finalidade e o alto valor da tarefa que ele irá realizar, realçando a sua posição em relação às pessoas com as quais irá trabalhar. O colérico gosta de fatos concretos, precisos, exatos e atua com seriedade. Venha sempre com uma alternativa.

Algumas qualidades do Colérico

1. Seu cérebro está sempre fervilhando de idéias;

2. É realizador;
3. É energético, independente, prático, eficiente e líder;
4. Temperamento ardente;
5. Autodisciplinado;
6. Ativo;
7. Geralmente otimista;
8. Prático;
9. Gosta de desafio do desconhecido;
10. Interessa-se pelo aspecto prático da vida;
11. Independente;
12. Decidido;
13. Não se amedronta nas adversidades. Torna-as em desafios.

Alguns defeitos do Colérico

1. Possui "cabeça quente";
2. Aborrece-se facilmente;
3. Prefere dar ordens, mas aborrece-o ter de cumpri-las;
4. Adora ser louvado publicamente;
5. Dá valor às aparências, às pompas e formalidades;
6. É avarento e cerimonioso;
7. Impaciente, prepotente, intolerante, vaidoso.

O Temperamento Fleumático

É comum que se use o termo "fleuma" como sinônimo de "calma". E de fato os fleumáticos não têm problemas para manter a compostura na maior parte das situações – basta pensar nos ingleses, povo fleumático por excelência. Toda essa impassibilidade, porém, é contrabalançada por uma intensa vida interior – não é à toa que os ingleses mesmo, com seu jeito aparentemente frio, têm a tradição literária mais viva e rica de todas. O fleumático guarda os sentimentos e os acumula, até que ou não os agüenta mais, irrompendo subitamente, ou encontra alguma maneira mais civilizada de dar vazão a eles, como as artes representativas.

Se fôssemos comparar o sangüíneo e o fleumático, diríamos que o primeiro é úmido e voltado para os outros, e o fleumático é úmido e voltado para si. Isto não quer dizer que um seja "egoísta" e o outro não, mas que o comportamento de um é mais pautado pelo ambiente do que o do outro.

Características do Fleumático

Pessoas desse temperamento são mais calmas, tranqüilas, prudentes e autocontroladas. Gostam de rotina e atuam em conformidade com normas e regras estabelecidas, por isso sentem-se bem quando estão acompanhadas de pessoas mais ativas e dinâmicas. Decidem sem pressão e freqüentemente com bom senso. São flexíveis, seu caráter e ritmo são constantes e disciplinados. São pacientes, observadores, passivos e têm boa memória.

É calmo, pouco esforçado, lento, paciente, tem gestos medidos, andar vagaroso. Seu julgamento é lento, mas com muito bom senso, quando de trata de grafia positiva. Representa uma força passiva que não deve ser desprezada. Tem calma, sangue frio e tenacidade, às vezes surpreendentes frente à brutalidade dos violentos, ao entusiasmo exagerado dos sangüíneos ou à exaltação dos nervosos. Não se apavora numa catástrofe. Difícil de ser influenciado. Falta-lhe entusiasmo e criatividade, é lento nas suas tarefas, mas ao mesmo tempo preciso, pontual, capaz de um rendimento aceitável. É um autômato bem regulado que faz e desfaz sem se cansar, sempre com a mesma regularidade. Faz uma coisa de cada vez, é detalhista. Tem boa memória e uma inteligência penetrante. É observador, mas tem pouca imaginação. Muito fiel às normas.

Tem sensibilidade acentuada. Imune às paixões. Em grafia negativa, há o predomínio da preguiça, do relaxamento e da irresponsabilidade, por isso, embora seja ele um elemento estabilizador, precisa ser acompanhado de elementos mais ativos. Não tem energia para convencer, tem medo. Teme o perigo, os golpes, as violências, sempre que possível os evita. Não andam muito. Usa tudo que tem para não fazer nada: controle remoto, porta automática etc. Curte as refeições, um bom cardápio com um bom papo. Tem interesse por muitas coisas.

Características profissionais do Fleumático

Áreas de Atuação Profissional: enfermagem, medicina, odontologia, salvamentos (bombeiro), educação (principalmente primária), arquitetura, engenharia, laboratórios.

Bom arquivista, guarda, instrumentista, mecânico, dentista, médico, ascensorista e ideal para atividades rotineiras.

Para motivar o fleumático, devemos expor com provas tangíveis as vantagens e os benefícios práticos, a comodidade, a segurança social, a economia do esforço, a tranqüilidade etc., que o emprego pode lhe oferecer; em resumo: contar todas as vantagens materiais.

Algumas qualidades do fleumático

1. Calmo;
2. Conciliador;
3. Pacificador nato;
4. Bem equilibrado;
5. Sabe ouvir com paciência e atenção;
6. Bom conselheiro;
7. Mantém as emoções sob controle;
8. Aprecia artes;
9. Prático e eficiente;
10. Cérebro organizado;
11. Capaz;

12. Cumpridor de suas obrigações e horários.

Alguns defeitos do fleumático

1. Frio;
2. Lento;
3. Negligente;
4. Sem motivação;
5. Provocador;
6. Distante e gélido;
7. Egoísta;
8. Indeciso;
9. Resistente;
10. Avarento;
11. Conservador por comodismo.

O Temperamento Melancólico

Imagine dois amigos na Idade Média: um, colérico, chama o outro para ir domar os cavalos que acabaram de chegar. Mas o outro, melancólico, tem até dificuldade para entender do que é que o amigo está falando, e permanece na mesma posição onde estava. Depois de domar os cavalos, o colérico ainda treina na espada e faz exercícios. O melancólico ainda não mudou a expressão do rosto.

De pouca excitabilidade mas de grande energia, o melancólico apodera-se rapidamente do assunto escolhido. Pessoas melancólicas aceitam com facilidade idéias especiais e facilmente se fixam nelas. Entre os fanáticos e especialistas existem muitos de temperamento melancólico.

Características do Melancólico

O melancólico é o temperamento mais rico de todos. É um analítico, talentoso, tipo do perfeccionista, sacrificado, com uma natureza emocional muito sensível. Ninguém aprecia mais a arte do que o melancólico. Pela natureza tende a ser introvertido, mas, quanto aos seus sentimentos, predominam uma série de disposições do espírito. Às vezes elevado às alturas do êxtase, não obstante, em outros momentos sai desse estado e fica deprimido.

Melancólico é um amigo muito fiel, mas não faz amizades com facilidade. É o temperamento mais confiável, visto que suas tendências perfeccionistas não permitem que se torne não confiável.

Sua capacidade analítica excepcional o impele acertadamente para diagnosticar os obstáculos e os perigos de todo o projeto em que participa. Isto contrasta visivelmente com o colérico, aquele vê não muito freqüentemente os problemas ou as dificuldades, mas possui a confiança de que tem o poder de resolver toda a crise que lhe aparecer. Essas características fazem com que freqüentemente o melancólico não inicie algum projeto novo.

Características profissionais do Melancólico

As profissões melancólicas são aquelas que requerem que o sujeito fique muito tempo parado no mesmo lugar, concentrando-se no mesmo objeto. Entre elas, poderíamos contar a pesquisa científica em laboratório e o estudo de instrumentos musicais, o que muitas vezes exige longas horas ininterruptas de prática. Um estereótipo melancólico está também no burocrata, no trabalhador de escritório, que passa o dia numa mesa com pilhas de papel. Hoje em dia, porém, há uma profissão perfeita para o melancólico, que está em alta: a de programador.

O sentido maior para a vida do melancólico se dá ao sacrifício pessoal. Freqüentemente escolhe uma profissão difícil, que requeira sacrifício muito pessoal. Mas uma vez que escolheu, tende a ser metódico e persistente.

A criatividade é adaptada para o melancólico. A maioria dos grandes compositores, educadores, artistas, músicos, inventores, filósofos, teólogos e cientistas foram predominantemente melancólicos. A capacidade analítica necessária para projetar edifícios requer um temperamento melancólico. Mas também podem ser artesãos de primeira, carpinteiros, pedreiros, horticultores, advogados, escritores, mecânicos e coordenadores. Podem ser membros de toda profissão que fornece um serviço com o sentido humanitário.

Não podemos dizer, porém, que o colérico tem força e o melancólico não tem: são forças de naturezas diferentes. O colérico tem força para realizar atividades que requerem que ele "saia de si", ou projete-se; trata-se de uma força expansiva. O melancólico tem força natural para permanecer no mesmo lugar, para permanecer o mesmo.

Deve-se motivar um melancólico a lutar constantemente e ir de encontro a seu espírito crítico, que deve projetar-se para aqueles que o cercam e que gostam muito dele, dar uma razão para que se sinta estimulado com o mundo e consigo mesmo.

Algumas qualidades do Melancólico

1. Analítico;
2. Reservado quanto a expor suas idéias;
3. Fala pouco, mas é muito preciso no que diz;
4. Não se compromete a fazer mais do que pode;
5. Apreciador das artes;
6. Não desaponta os que dependem dele;
7. Amigo fiel;
8. Bom diagnosticador de problemas;
9. Consegue prever os obstáculos de um projeto;
10. Tem confiança em sua capacidade;
11. Sensibilidade e talento artístico;
12. É correto na profissão;
13. Interesse excessivo pela sua condição física;
14. Ofende-se muito facilmente;

15. Desconfiado;

16. Pessimista.

Alguns defeitos do Melancólico

1. Egocêntrico;
2. Inclinado a auto-análise complacente;
3. Não faz amigos com facilidade;
4. Alimenta desejos de vingança;
5. Hipocondríaco.

O Temperamento Supina

O temperamento mais peculiar é o supina. De pouca excitabilidade mas de grande energia intelectual, o supina nasceu para ser mestre (Jesus Cristo, Madre Tereza, Chico Xavier etc.). Fiel e leal, nasceu para servir, bom pensador, excelente relacionamento com pessoas, grande habilidade para expressar-se, muito responsável, gentil, raciocina pela emoção (possui muito amor no coração). Grande necessidade de dar e receber amor.

Geralmente o supina não se casa, escolhe ficar sozinho porque sua "missão" está em primeiro lugar e pensa que um casamento e família poderiam atrapalhar seus planos e sonhos.

Características do Supina

O Supina é o temperamento mais raro de todos. É um talentoso, tipo do perfeccionista, sacrificado, com uma natureza emocional muito sensível. Ninguém aprecia mais as pessoas que um supina. Sua maior alegria e realização é poder servir, ajudar, ensinar e "mostrar caminhos" para os possíveis problemas que tanto afligem as pessoas.

É um amigo muito fiel, faz amizades com facilidade. É o temperamento mais afável.

Possui a confiança de que tem o poder de resolver toda crise que lhe aparecer. Essas características fazem com que freqüentemente o supina inicie projetos novos, ligado a caridade, voluntariado etc.

Características profissionais do Supina

As profissões supinas são geralmente exercidas em ONGs, entidades filantrópicas, voluntariado, entre outras.

Sua maior alegria é ver o outro feliz... saber que pode contribuir de alguma forma para a felicidade e bem-estar do outro.

O sentido maior da vida do supinas é doar-se, sem pensar em receber de volta. Não guarda mágoas, nem rancores e é incapaz de se vingar.

Freqüentemente escolhe uma profissão difícil, que requeira sacrifício pessoal. Podem ser membros de toda profissão com sentido humanitário.

Deve-se motivá-lo a lutar constantemente e ir de encontro a seu espírito servil, que se projetar para aqueles que o cercam e que gostam muito dele, dar uma razão para que se sinta estimulado com o mundo e consigo mesmo.

Algumas qualidades do Supina

1. Energia intelectual;
2. Fiel e leal;
3. Nasceu para servir;
4. Excelente pensador e filósofo;
5. Grande habilidade para expressar-se, porque fala com o coração;
6. Muito gentil;
7. Relaciona-se muito bem com pessoas;
8. Grande amor a ser oferecido.

Alguns defeitos do Supina

1. Baixa estima;

2. Dependente;
3. Relaciona-se profundamente;
4. Lento ao mover-se;
5. Dificuldades para decidir;
6. Interioriza muito suas emoções;
7. Pouca iniciativa.

A Combinação entre os temperamentos

O Sangüíneo / Colérico

São extrovertidos, organizados e produtivos, oferecendo variedades de atividades e estímulos.

Geralmente fala demais, deixando transparecer suas fraquezas.

Possui opiniões fortes, por isso se expressa em voz alta, antes mesmo de conhecer profundamente os fatos.

Seu principal problema emocional é a ira, tornando-o agressivo diante da menor provocação, mas não guarda ressentimentos.

O Sangüíneo / Melancólico

São altamente emocionais: tanto podem rir histericamente quanto chorar um minuto depois. Sentem-se genuinamente tristes pela outra pessoa.

Exibem um perfeccionismo que os aliena dos outros, podendo seu ego e arrogância afastá-los das outras pessoas.

Muito sonhadores, sofrem com a insegurança.

Ser admirado por outras pessoas impulsiona-os para as realizações.

O Sangüíneo / Fleumático

É uma pessoa feliz, de bom humor, livre de preocupações. É extrovertido.

O maior problema é a falta de motivação e de disciplina. Prefere socializar a trabalhar.

O Sangüíneo / Supina

É uma pessoa feliz, de bom humor, livre de preocupações. É extrovertido.

O maior problema é a sua má administração emocional. Prefere socializar, ajudar, conversar, a trabalhar em atividades burocráticas.

O Colérico / Sangüíneo

Extrovertido, seus esforços são produtivos e cheio de propósitos. É um vencedor nato, carismático, adora desafios, destituído de medos. Excelente comunicador, usa o raciocínio lógico e prático.

Seu ponto fraco é a hostilidade, não perdoa e guarda ressentimentos.

É brutalmente franco, dotado de opiniões fortes, preconceitos, impetuosidade. Obstinado pelo trabalho a ponto de negligenciar a família.

O Colérico / Melancólico

Pessoa habilidosa e capaz, otimista, mente rápida e analítica, líder extraordinário, combina agressividade verbal com atenção aos detalhes.

Extremamente competitivo e vigoroso em tudo que faz, obtendo sucesso sempre.

Inclinado à autocracia, um tipo ditador, inspirando admiração e ódio simultaneamente.

Encontra dificuldades nas relações interpessoais, particularmente com os familiares.

O Colérico / Fleumático

Ativo e entusiasmado, calmo, indiferente e quase nunca estimulado. Muito organizado, combina planejamento com trabalho árduo, sabendo sempre para onde está indo e o que está fazendo. Entretanto, é extremamente severo com as pessoas.

Guarda ressentimentos e amarguras. Ninguém é mais teimoso e obstinado, dificilmente muda de atitude. Não gosta de reconhecer seus erros.

O Colérico / Supina

Ativo e entusiasmado, calmo, indiferente e quase sempre estimulado. Muito organizado, combina planejamento com trabalho árduo, sabendo sempre para onde está indo e o que está fazendo. É um verdadeiro mestre para as pessoas.

Obstinado, dificilmente muda seus ideais. Reconhece seus erros, mas aponta prontamente os erros alheios.

O Melancólico / Sangüíneo

Muito talentoso, com dom artístico.

Combina mudanças de ânimos, emotivo. Mas também tende a ser rígido com as pessoas e geralmente não gosta de cooperar.

O Melancólico / Colérico

Perfeccionista e impulsionador, forte capacidade de liderança.

Extremamente difícil de agradar, raramente está satisfeito consigo mesmo. Pode ter manias de autoperseguição, hostilidade e crítica.

O Melancólico / Fleumático

São introvertidos e perfeccionistas, combinando eficiência organizacional. São humanitários e de boa natureza. Geralmente são excelentes escritores, pesquisadores, bons matemáticos.

Facilmente tornam-se desencorajados e desenvolvem pensamentos negativos. São vulneráveis diante do temor, da ansiedade e de uma auto-imagem negativa.

São amados e admirados pelos familiares, por serem um exemplo para todos.

O Melancólico / Supina

São introvertidos e perfeccionistas, combinando excesso de eficiência e cobrança interior muito forte. São humanitários e de boa natureza.

Facilmente tornam-se desencorajados e desenvolvem pensamentos negativos. São vulneráveis diante do temor, da ansiedade e de uma auto-imagem negativa.

Sofrem demais pelos infortúnios dos outros. Amam incondicionalmente e sofrem por isso.

O Fleumático / Sangüíneo

É alegre, feliz, cooperador, pensativo, orientado para pessoas, diplomático, amoroso, divertido e bem humorado.

Tem falta de motivação e disciplina, por isso deixa escapar boas oportunidades e não se envolve em qualquer coisa que exija esforço demasiado. O temor é outro grande problema, acentuando sua insegurança.

O Fleumático / Colérico

De fácil convivência, torna-se um excelente líder, bom conselheiro porque é um excelente ouvinte e é verdadeiramente interessado.

Seus conselhos são práticos, bastante digno de confiança, gentil.

Seu defeito é falta de motivação e temor aos problemas, pode ser teimoso ao extremo, dificilmente cede. Sua ira se reflete num profundo silêncio.

O Fleumático / Melancólico

Gracioso, gentil e quieto. Raramente se irrita ou torna-se hostil.

Veste-se com simplicidade, organizado, tende aos dons espirituais.

Seus pontos fracos são o temor do negativismo, da crítica e da ausência de auto-imagem.

Não se envolvem demasiadamente em alguma coisa, tentam se resguardar ao máximo.

O Fleumático / Supina

São pacificadores natos. Gostam de resolver os problemas da humanidade. Bons planejadores para situações humanitárias. Intuitivos, sensíveis, bons conselheiros.

Ninguém melhor que eles entendem e perdoam os seres humanos pelos erros cometidos.

Equilíbrio dos Temperamentos

O temperamento, assim como o corpo humano, sujeito às forças da natureza, pode equilibrar suas predisposições, umas desagregadoras, outras, construtivas.

A mobilização das forças para o equilíbrio dos temperamentos é afetada incessantemente por estímulos que manipulamos no dia-a-dia, porém de modo ainda desorganizado. Mesmo desconhecendo as técnicas corretas para seus manejos, qualquer pessoa de inteligência mediana já pôde constatar suas influências sobre seu humor, seus interesses, seu bem-estar. Tais estímulos estão presentes nos sabores, nas cores, nos sons das músicas e das palavras, nas sensações do tato, nas formas-pensamento, nos movimentos e gestos corporais. Um regime de vida que sabiamente conseguir organizar e dosar tais estímulos, conforme a classificação do temperamento, certamente contribuirá para seu equilíbrio, auxiliando o ser humano a cumprir sua finalidade plena através de uma vida longa e feliz.

O que devemos diferenciar entre um temperamento e outro

Devemos sempre considerar inúmeros fatores que diferenciam as pessoas que possuem os mesmos temperamentos. Nenhum ser humano é igual ao outro; existem variáveis que tornam um ser humano diferenciado do outro, mesmo tendo a mesma combinação de temperamentos:

1. O percentual de combinações diferenciado;

2. A criação recebida dos pais;
3. As condicionantes do meio ambiente em que crescemos e vivemos;
4. O nível de inteligência, percepção, intuição, amadurecimento etc.;
5. A saúde física, mental e psíquica;
6. A motivação em aprender e crescer como indivíduo;
7. Religiosidade etc.

Uma das objeções principais à teoria dos cinco temperamentos, é que nenhuma pessoa pode estar representada completamente nas características apresentadas. Todos nós representamos uma combinação de pelo menos dois temperamentos; um deles predominante e o outro secundário. Além disso, as combinações não são consideradas em um grau igual. Uma pessoa que tem 60% do temperamento sangüíneo e 40% do colérico não é exatamente igual à que tem 80% de sangüíneo e 20% do colérico.

Tipologia Organizacional: os temperamentos dentro da empresa familiar

Cada tipo de temperamento influencia a organização e altera seu rumo, fazendo-se vital o conhecimento de cada um deles, principalmente dentro da empresa familiar, por ser a mais afetada em sua gestão devido ao fator emocional.

Uma visão idealista mostra que existe um potencial positivo formidável na união de temperamentos distintos, e que os grupos não se formam ao acaso.

Cada tipo de temperamento influencia a organização e altera seu rumo. Portanto, é vital o conhecimento de cada tipo de temperamento e das inferências sobre o seu impacto organizacional.

Organizações requerem conhecimento especializado e experiência, assim como uma contínuo ajuste e redefinição informacional e de comportamento através da interação entre os seus membros. Desta forma, existe a freqüente necessidade de encontros e reuniões que permitem a troca de perspectivas para as definições e soluções dos vários problemas, resolução de conflitos e desenvolvimento de interpretações compartilhadas usadas para dirigir as atividades futuras da organização, além da necessidade de se encontrar caminhos inteligentes para a busca do conhecimento em qualquer lugar da organização e não somente no seu topo. A partir do conhecimento do temperamento de cada membro da organização, poderão ser tomadas as melhores decisões e principalmente entender a maneira de agir de cada um, aproveitando-se do potencial nato de cada um, gestor ou não.

Vê-se assim a fundamental necessidade da qualificação, avaliação, monitoramento e gerenciamento dos vários "grupos de temperamentos" encontrados na organização, a fim de se alcançar sucesso na empresa. No entanto, muitas empresas ignoram o poder estratégico dessas relações, subestimando as capacidades positivas ou não da "mistura" de vários tipos de temperamentos para a geração de uma cultura producente ou contra.

Um líder de temperamento melancólico tende a ser lento em suas ações e reações, pois necessita estar muito seguro antes de qualquer decisão. Costumam ser pessoas mais introspectivas, sérias e exigentes. Tendem a fazer tudo dentro das regras e não toleram erros e falhas. Entendem a vida pela realização e concretização das tarefas.

Um gestor de temperamento sangüíneo tende a ser rápido em suas ações e reações, pois é naturalmente curioso e quer terminar logo para seguir adiante e mudar de assunto. Interessa-se por tudo, o que o faz dispersivos. Ignora os limites do tempo, fazendo-o marcar dois ou três compromissos ao mesmo tempo. É criativo, cheio de idéias e mentalmente capaz, inteligente e bem dotado. Geralmente a empresa dirigida por eles é muito ativa mas desorganizada.

Um empresário de temperamento colérico tende a ser líder, cheio de energia, empreendedor e um bom gestor. Sua energia manifesta-se por resoluções inquebrantáveis. Rápido nas decisões. É um metódico que planeja não só sua intervenção como a forma e o momento. É exigente com ele mesmo e com os subordinados. É de caráter sério, sóbrio, concentrado, reflexivo e raciocinador. São ótimos gestores, mas um tanto repressores.

Um administrador de temperamento fleumático é todo impassibilidade, contrabalançada por uma intensa vida interior. O fleumático guarda os sentimentos e os acumula. Gostam de rotina e atuam em conformidade com normas e regras estabelecidas. São flexíveis, seu caráter e ritmo são constantes e disciplinados. Em situações emergenciais, na empresa agem com tranqüilidade.

Um supina seria excelente gestor de empresas filantrópicas, nas áreas sociais. Para ele, seria um tormento trabalhar em uma empresa totalmente capitalista, onde não há o fator humano considerado como o mais importante patrimônio.

Um temperamento não é melhor do que o outro, mesmo porque não temos um temperamento puro, mesclamos pelo menos dois deles. Todos os temperamentos têm suas vantagens e desvantagens. Mas saber quais são suas facilidades e quais são as dificuldades permite fazer um caminho de aprendizagem para o próprio crescimento pessoal e empresarial.

O temperamento, em essência, não muda. Pode ser treinado, aprimorado, suavizado, melhorado, mas não vira outro. E cada temperamento complementa o outro em sua força. Entender melhor os temperamentos é um grande passo para o sucesso da organização (pessoas certas trabalhando nos lugares certos e com temperamentos que combinam entre si).

Cada casal, irmãos, filhos, pais e sócios têm sua fórmula para dar certo, mas um pouco de equilíbrio ajuda a manter a estabilidade. O melhor parceiro é aquele que é bem diferente de nós no temperamento, mas com mil afinidades. Nesta combinação podemos dizer que o temperamento sangüíneo combina melhor com o melancólico, um colérico com o fleumático e o fleumático com todos os outros.

Temperamentos diferentes provocam discussões contornáveis. Já a falta de afinidades pode reduzir um dos dois a mero coadjuvante da vida do outro. Alguém vai ter que ceder muito, e se não tiver talento para a submissão, vai sofrer.

Temperamentos iguais se neutralizam.

Transformar alguém em um grande líder de uma empresa familiar exige uma formação complexa, onde os conceitos não podem ser apenas ensinados, mas vivenciados.

A condição essencial para qualquer família, empresa, sociedade ou qualquer tipo de relacionamento é que haja respeito e aceitação das diferenças. É contrabalançar opiniões, desejos e acharem juntos o melhor caminho. É nisso que a Tipologia Organizacional tem sua força, respeitando cada um dentro da organização exatamente como é, sem forçá-lo a assumir papéis que o levem a estar insatisfeito como ser humano.

Capítulo 8

A (Re) modelagem da empresa familiar na era da competência*

* Com a colaboração de José Bernardo Enéias de Oliveira

O mundo globalizado contribui para a formação de um novo cenário econômico nacional, influenciado pela competitividade internacional. As médias e grandes empresas alteraram a forma de gestão dos seus negócios, optando por outras formas de gestão e produção, terceirizando ou criando cooperativas de trabalho, reduzindo o tamanho da empresa, (re) estruturando o quadro de pessoal e hierarquias, na tentativa de melhorar a eficiência e eficácia dos resultados operacionais.

O processo de reengenharia e a robotização implicaram a melhoria da produção, rapidez e inovação. Todavia, desencadearam um universo de micro e pequenas empresas, oriundas deste processo, fundadas pelos ex-empregados, desenvolvendo através das suas competências técnicas a prestação de serviços às empresas de origem ou criando outras formas de negócio, normalmente colocando em prática antigos sonhos de propriedade.

Essas empresas cresceram desordenadamente, afastando-se da administração sistêmica e profissional, muitas vezes sem o aproveitamento dos seus recursos e/ou uma análise mais específica das possibilidades externas. O modelo principal dessas empresas era efetivamente técnico e operativo, pouco explorando os processos institucionais e estratégicos. A modernidade tornou-se exigente nos novos modelos de gestão, fazendo do conhecimento e a tecnologia o marco da nova era. As competências técnicas evoluíram, a qualidade dos serviços não mais se apóiam no conhecimento aprendido, colocando as competências comportamentais e o empreendedorismo na frente do negócio. A solução dos problemas e a criatividade passam a ser a alma do negócio, recursos desenvolvidos no trabalhador a partir de quando este tem o equilíbrio emocional e o ambiente de auto-estima. Infelizmente, são características representadas de forma tímida ou, muitas vezes, inexistente nessas empresas de porte pequeno e micro, de origem familiar.

Seus fundadores têm um forte perfil emocional e resistente as transformações, alem de não possuir planejamento estratégico estruturado. As decisões estão baseadas em laços afetivos, superando efetivamente a real competência do empregado, prevalecendo a antigüidade e a confiança mútua, muitas vezes do trabalhador que iniciou as atividades junto ao fundador. Percebe-se a grande dificuldade de diferenciar o modelo emocional do racional, predominando o autoritarismo e o perfil centralizador do proprietário, com tentativas de neutralizar essas reações, mediante posturas paternalistas.

No Brasil o universo dessas empresas representa 99%, responsabilizando-se por 20% do Produto Interno Bruto e 67% dos empregos (Sebrae, 2005). Portanto, registram a sua importante contribuição no equilíbrio econômico do pais, razão pela qual perseguimos a idéia da (re) modelagem organizacional, ou melhor, a profissionalização. O processo sucessório esbarra em conflitos pessoais e/ ou consangüíneos, bem como na ausência outros parâmetros de gestão. Muitas vezes, a falta desses parâmetros e a ausência da estrutura de processos são fatores da má formulação das políticas, definições de papéis, metas e outros, que levam à deterioração da organização *(figura I –Fonte: Desenvolvimento Organizacional – Foguel, 1985).*

Figura 1: Ciclo Destrutivo das Organizações

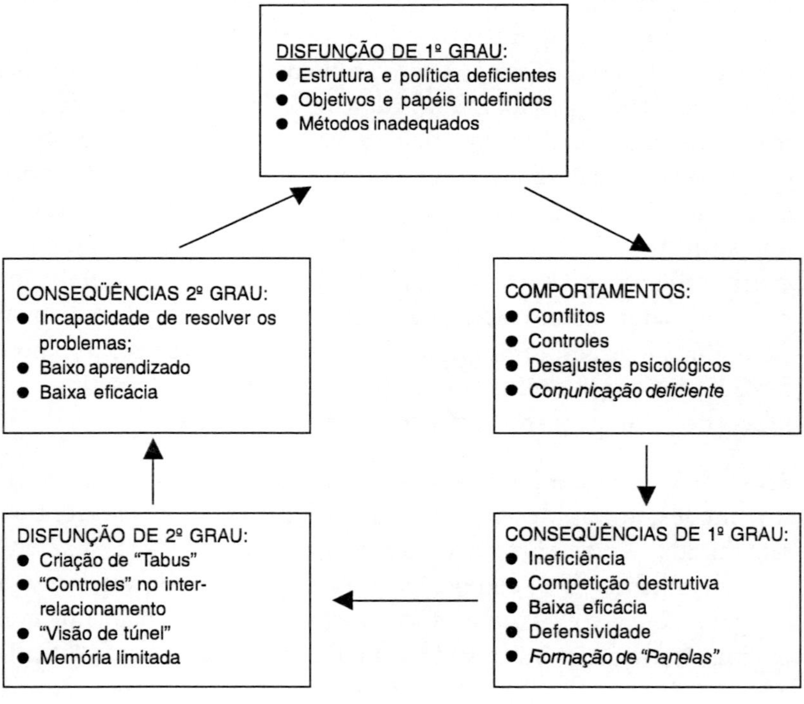

Figura II: Ciclo de vida do negócio

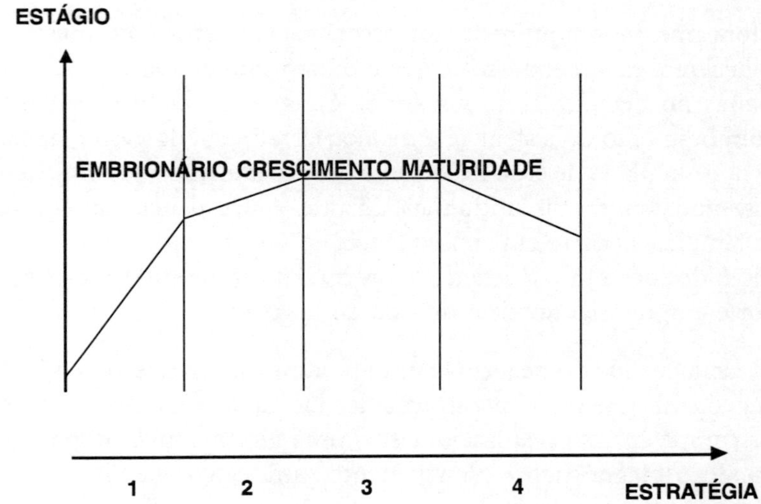

O ciclo destrutivo das organizações retrata as condições de grande parte das empresas ao longo do ciclo de vida do negócio (*figura II*), em decorrência natural de seu próprio funcionamento. A deterioração e desenvolvimento de uma empresa coexistem simultaneamente ao longo da sua existência, todavia tendem a agravar-se na época de crise, quando a empresa perde o seu ponto de equilíbrio, em conseqüência das variáveis internas: política organizacional inadequada, tecnologia obsoleta, falta de competência e habilidades; desmotivação, clima organizacional, liderança precária, políticas deficientes, conflitos, indefinições de papéis; comunicação inadequada. E ainda os excessos de controles, que acabam engessando a criatividade e a solução de problemas, inerentes às habilidades e atitudes de cada ser humano no processo de mediação de novas experiências externas e as variáveis externas: oportunidades de mercado, tecnologia, novos concorrentes e produtos, pressões ambientais, variáveis econômicas e sociais etc.

As empresas são dinâmicas e não estáticas, condição pré-estabelecida pela velocidade do mundo globalizado e competitivo. A falta de estratégia, conflitos, poder centralizador e autoritário, administração emocional e a ausência de um mapeamento das competências organizacionais e dos recursos humanos favorecem a falência no ciclo de vida.

Erroneamente, o administrador preocupa-se apenas com o estágio de declínio, esquecendo-se de que o dinamismo do sistema não está apenas no declínio, mas em todos estágios do ciclo de vida. O monitoramento do sistema é a melhor ferramenta do gestor, apoiado por um plano de ação decorrente de mapeamentos de competências, modelo a ser discutido mais adiante. A decadência das empresas familiares ocorre em conseqüência desses processos, somados às brigas de sucessão e à resistência às mudanças, levando inclusive à morte empresarial no ciclo de vida do negócio.

No ciclo de vida do negócio, a prática administrativa recomenda no estágio embrionário a investigação dos indicadores e o mapeamento das competências organizacionais e dos recursos humanos, possibilitando o diagnóstico e planejamento estratégico, viabilizando as ações e ferramentas para o crescimento ou desenvolvimento do ciclo. No estágio da maturidade, está o ponto de equilíbrio do negócio, quando as metas e os resultados estão conciliados às competências disponíveis no sistema. Finalmente, vem o declínio, conseqüência natural de todo ciclo de vida, porém tenta-se evitar a morte súbita, cujo impacto traz transtornos graves. O monitoramento constante é importante para a retomada do equilíbrio.

A transição da gestão familiar para a gestão profissional é inevitável. A empresa familiar que não optou pela sucessão profissional, mantendo a sua estrutura emocional e não racional, com raízes no paternalismo e em modelos antiquados, está fadada à falência. Em média, essa falência ocorre após vinte anos de existência, normalmente durante a transição da primeira para a segunda geração, quando a resistência às mudanças é mais forte e os vínculos de antigüidade são mais comprometidos com a afetividade, superando a competência.

Essas empresas raramente conseguem manter-se vivas, não ultrapassando o período crítico, que ocorre na metade desse ciclo, estabelecendo gradativamente o declínio na curva do ciclo do negócio, raramente chegando à terceira geração.

Transição da gestão familiar para a profissional

Administrar uma empresa é aproveitar da melhor forma as possibilidades e os recursos disponíveis. A organização não é estática, é dinâmica nos macro e micro ambientes, nos quais sofre interferência de variáveis externas, as exógenas, e internas, as endógenas. Entendemos que a forma de gestão de qualquer empresa, seja ela profissional ou a familiar, é similar, porém o que difere é a sua singularidade, a cultura, traduzida em personalidade. Da mesma forma que o indivíduo tem a sua formada de traços natos, inatos e aprendidos, a empresa também é constituída de valores natos, inatos e os aprendidos, os quais constituem a cultura. A conduta de ambos é definida pelas suas necessidades e a sua satisfação específica, o que favorece o equilíbrio, considerando a sua condição dinâmica na inter-relação organismo e ambiente, condição da transformação e adaptação ao meio. Na análise da organização, a elaboração de uma política coerente e metas bem definidas pelo conjunto de variáveis define o seu movimento, sendo exigências fundamentais do seu desenvolvimento. A política organizacional deve ser definida com base em estratégias, seguidas de uma metodologia básica, subdividida por etapas:

a) Levantamento das variáveis ou indicadores do ambiente interno e externo, que interferem no seu movimento e equilíbrio;

b) Elaboração do diagnóstico, baseada na análise das variáveis e indicadores;

c) A ação ou a escolha das ferramentas gerencias específicas;

d) As (re)ações ou a reavaliação contínua da utilização das ferramentas aplicadas, considerando o dinamismo das organizações e o ambiente interdependente.

Resumidamente, as definições de uma política organizacional têm a interface do ambiente interno e externo, de responsabilidade dos níveis estratégicos, os diretores e acionistas; no nível tático, os gestores e suas ferramentas de gestão, apropriadas àquela realidade, cuja responsabilidade é a busca da eficiência e eficácia do processo e, finalmente, o nível operacional, representado pelos trabalhadores, os quais são conduzidos aos resultados, viabilizados pelas competências específicas e as ferramentas gerenciais. As estratégias trabalhadas nos estágios do ciclo de vida são conduzidas pelos elementos: motivação; liderança; comunicação e dificuldade do aprendizado.

A comunicação é uma das ferramentas principais no processo de mudança, pois implica a mudança de comportamentos, através da transmissão de novos valores. Essa mudança comportamental só será possível se o indivíduo estiver pré-disposto ao aprendizado. Muitas vezes o processo de comunicação é esbarrado por "bloqueios", seja pela falta de sensibilização, credibilidade, pré-conceitos ou condições biológicas e/ou psicológicas do indivíduo. A comunicação e o aprendizado, normalmente, são conduzidos pelos líderes, os quais deverão ser sensíveis em perceber os fatores motivacionais e necessidades de cada empregado. Na prática, os chefes nessas empresas possuem uma característica especial, dada a sua trajetória dependente do tempo de casa e não da competência, que prejudica a real conduta de líder carismático e condutor da equipe. Dado o próprio perfil emocional do proprietário, as funções de níveis intermediários são obsoletas, seja pela ingerência do empresário nas decisões, neutralizando o papel de líder, ou por não estar preparado para filtrar as pressões exercidas de todos os lados, característica de uma empresa desorganizada e sem definições de papéis. Nota-se que a informação de cima para baixo é deficiente, resultando em interpretações pessoais e não processuais, bem como, dadas as suas ca-

Figura III: O processo da Comunicação

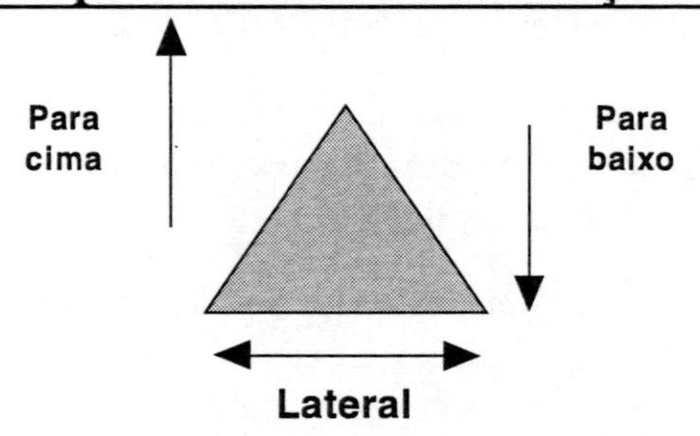

- Para baixo: Caráter diretivo
- Para cima: Informação de desempenho
- Lateral: Inter-relação entre pessoas e/ou grupo.

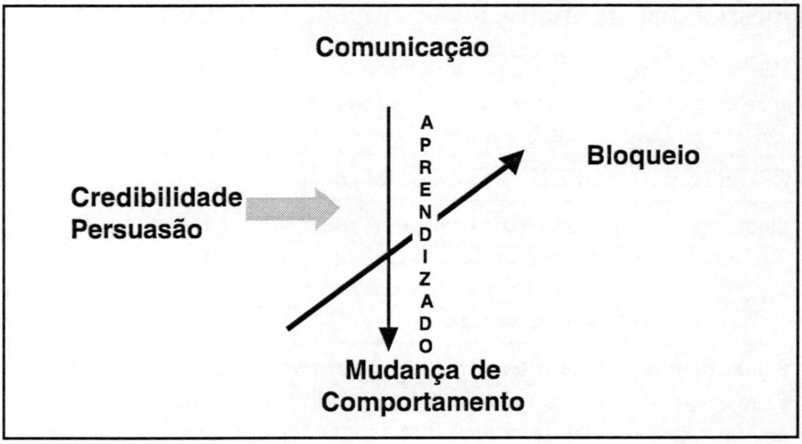

racterísticas autoritárias, herdadas do proprietário, inibe as reações da equipe, criando de baixo para cima a informação resistente. Desencadeiam-se, portanto, processos inadequados e sem efetividade, pela falta de definições de papéis, modelos, condutas, políticas, interferência de sindicatos e, finalmente, a baixa eficácia.

O processo estratégico é transitório e complicado, principalmente na empresa familiar. Portanto, é prudente seguir etapas de implantação, as quais definem a neutralização de possíveis impactos, pois toda mudança gera conflitos. O termo profissionalização requer a intervenção de um profissional externo experiente, que saiba conduzir o processo com credibilidade e persuasão, condição que desmistifique a "insegurança" dessas pessoas envolvidas na cadeia de sucessão. A insegurança é representada na demonstração do poder pelo patriarca, como forma de não perder o *status* da identidade do grupo; na falta de informação ou a sua deficiência, que levam as pessoas às "fantasias", traduzidas em formulação de respostas não reais, elaboradas conforme o estado de espírito. O medo nos leva às reações de agressividade como defesa ou à alienação. Sugerimos seguir algumas etapas, de certa forma flexíveis conforme a realidade da cada situação.

1ª Etapa

Sensibilização – Exige muita sensibilização de todos os níveis, dado o processo de resistência ou relutância às alterações de hábitos. Lem-

Questionário de análise de desempenho organizacional

<table>
<tr><td colspan="2">Verificar abaixo os sete critérios e registrar o grau na escala em que ocorre, segundo a sua percepção, conforme o Diagnóstico definido na tabela complementar.</td><td colspan="4">ESCALA</td></tr>
<tr><td>CRITÉRIOS</td><td>DEFINIÇÃO DOS CRITÉRIOS</td><td>1</td><td>2</td><td>3</td><td>4</td></tr>
<tr><td>Liderança</td><td>Este critério examina o sistema de liderança da organização e o envolvimento pessoal da alta direção no exercício de uma liderança eficaz.</td><td></td><td></td><td></td><td></td></tr>
<tr><td>Planejamento Estratégico</td><td>Este critério tem como objetivo verificar como a organização formula suas estratégias de forma a direcionar e fortalecer seu desempenho e a competitividade, nos planos de ação e metas.</td><td></td><td></td><td></td><td></td></tr>
<tr><td>Foco no Cliente e Mercado</td><td>Este critério tem como objetivo examinar como a organização acompanha e antecipa as necessidades do cliente, bem como na melhoria do processo e relacionamento.</td><td></td><td></td><td></td><td></td></tr>
<tr><td>Informação e Análise</td><td>Este critério examina a gestão e a eficácia da utilização das informações da organização, no acompanhamento e divulgação dos processos.</td><td></td><td></td><td></td><td></td></tr>
<tr><td>Gestão de Pessoas</td><td>Este critério tem como objetivo examinar o desenvolvimento e potencial, de acordo com as estratégias da organização, para contribuir com o ambiente de trabalho; clima organizacional e desempenho.</td><td></td><td></td><td></td><td></td></tr>
<tr><td>Gestão de Processos</td><td>Este critério tem como objetivo examinar os principais aspectos da operação da organização, incluindo Produto com o foco no cliente; Produção; Fornecedores; Financeiro e melhoria contínua.</td><td></td><td></td><td></td><td></td></tr>
<tr><td>Resultados na Organização</td><td>Este critério examina a evolução do desempenho da organização em relação à satisfação dos clientes; mercado; finanças; as pessoas; aos fornecedores e aos processos organizacionais.</td><td></td><td></td><td></td><td></td></tr>
</table>

Tabela Complementar

DIAGNÓSTICO	CONCEITO	GRAUS
FREQÜÊNCIA	Grau em que o critério ocorre naturalmente na organização ou entre os seus membros	1
INTENSIDADE	Grau em que o critério exerce pressão no envolvimento dos membros da organização	2
PROFUNDIDADE	Grau em que o critério esta disseminado e compartilhado entre os membros da organização	3
IMPORTÂNCIA	Grau em que o critério estabelecido está relacionado com os objetivos da organização e de seus membros	4

bramos ser comum o perfil dos trabalhadores nessas empresas familiares, de escolaridade baixa, com conhecimento e autonomia limitados, dada a postura autoritária e centralizadora da hierarquia. Os empregados assumem postura passiva, de forte relacionamento emocional em relação às decisões do fundador. A persuasão em geral inicia-se junto ao proprietário, na tentativa, de cima para baixo, de neutralizar as resistências. Esse processo não é regra, pois no grupo de empregados ou chefes existe alguém que representa maiores poderes, tanto quanto o proprietário, seja pelo tempo de casa ou por assumir o papel de mediador nas questões sociais entre o grupo e o patrão.

A sensibilização é um processo que deve exigir muita habilidade do agente de mudança. Reconsiderando que a essência dessas empresas é de caráter afetivo, torna-se difícil separar de imediato o emocional do racional. Sendo assim, toda relação autoritária e centralizadora leva à crença de defesa, instalada pela insegurança do novo ou a perda do poder. A essência da insegurança é decorrente da falta de informação, que nos faz receosos de tomar decisões, assim como, quando temerosos, buscamos aqueles em que confiamos. A estratégia do profissional contratado é demonstrar a credibilidade e o conhecimento do que pretende fazer, nunca ser arredio nas suas decisões ou demonstrar a desmotivação frente às pressões e à demonstração de descrédito pelo cliente. A elaboração do "*contrato social*" é uma ferramenta de conduta e não um modelo legal entre o profissional e proprietário, mas um instrumento de cunho moral e psicológico, pois não é garantida a sua aceitação no decorrer da implantação do processo sucessório. Após este "acordo", todos deverão ser esclarecidos do plano de ação, eliminando possíveis expectativas. Nessa primeira fase, em decorrência da ausência de indicadores, a ênfase principal é a mudança comportamental dos envolvidos e da organização, de certa forma abrindo o caminho do efetivo processo de transição. Utilizamos alguns instrumentos de apoio para o mapeamento das necessidades ou referências de conduta. Apresentamos na pág. 130 sugestão do *Questionário de análise de desempenho Organizacional*, aplicado no decorrer da 1ª etapa.

2ª Etapa

Definição de Parâmetros: trata da identificação de necessidades da empresa e das pessoas, através do mapeamento de competências, seguido do diagnóstico; análise da realidade e definição da estratégia, bem como o suporte político e técnico. Existem alguns instrumentos utilizados nessa etapa, os quais apresentamos a seguir, acompanhados de exemplos práticos e verídicos de uma empresa do interior de São Paulo, na prestação de serviços automotivos, com aproximadamente vinte empregados e vinte e dois anos de existência, passando pela sucessão familiar. Por questões éticas, usamos nomes fictícios e suprimimos algumas informações que possam identificar sua identidade.

Nessa etapa foi constituído o mapeamento de competências dos empregados e da organização. As informações de cada mapeamento viabilizaram a análise e diagnóstico dos indicadores, definindo as ferramentas com base nas condições gerais do resultado de desempenho da equipe ou individuais. Essas informações permitiram a condução da mudança comportamental, inclusive as projeções para a terceira etapa do processo.

Mapeamento dos Indicadores Organizacionais

INDICADORES	RESULTADOS
% Equilíbrio = despesa financeiro / faturamento	Indica o comprometimento das despesas para cada unidade monetária de receita
% Despesa = despesa com pessoal / faturamento	Indica o comprometimento das despesas com pessoal para cada unidade monetária de receita
% Rentabilidade = faturamento-despesa / faturamento	Indica a taxa de rentabilidade da empresa
% Satisfação cliente = soma da resposta / nº resposta	Mensura o grau de satisfação do cliente externo em relação ao conjunto de produtos e serviços da empresa
% Cobertura = nº empresa atendidas / universos das empresas	Mensura a participação de empresas atendidas em relação ao conjunto empresarial do estado
% Participação = despesa com matéria-prima/ faturamento	Mensura o efeito dos custos com matérias-primas no faturamento.
% Produtividade= tempo do processo / per capita no processo	Indica a taxa de utilização da força de trabalho na produção
% Absenteísmo = nº faltas no dia/totais dias trabalhados	Indica a quantidade de faltas ocorridas em relação ao total de dias trabalhados
% Rotatividade = nº desligados / totais de empregados no mês	Indica a rotatividade da mão-de-obra da empresa
% Participação = despesa com pessoal / faturamento	Indica o comprometimento das despesas com pessoal da unidade de faturamento
% Terceirização = custo serviço / faturamento	Indica o controle de custos com serviços terceirizados
% Rotatividade = valor de estoque/ valor da despesa	Indica a eficácia dos serviços de suprimento da empresa
% Vendas = vendas confirmadas/orçamentos efetuados	Indica a eficácia das vendas

MAPEAMENTO DE COMPETÊNCIAS DO EMPREGADO	PESO	ANDRE	EDILSON	OSMAR	EDIEL	CARLOS	REGINA	CASSIA	MARIO	MARCOS	ANDRE	LUIZ	DANIEL	ALEX	ANA	JULIO	GUTO	NILSON	CELSO	BARBOSA	JULIANA	LUCIA	CONDIÇÕES GERAIS DO RESULTADO DE DESEMPENHO DA EQUIPE:
Produção *(Quantidade de trabalho em menor tempo exigido)*	10%	N3	N3	N2	N2	N3	N3	N2	N2	N3	N3	N2	N3	N3	N2	N3	N3	N3	N3	N3	N3	N2	*35% da equipe está abaixo do esperado nas competências exigidas pelo cargo.*
Conhecimento Técnico *(Tempo de experiência e sugestões apresentadas)*	15%	N3	N3	N2	N2	N3	N3	N2	N2	N3	N3	N2	N2	N3	N3	N3	N4	N3	N3	N2	N4	N1	*35% da equipe está abaixo do esperado nas competências exigidas pelo cargo*
Qualidade *(Perfeição de trabalho e a necessidade de refazer o serviço)*	15%	N4	N3	N3	N3	N3	N3	N3	N2	N3	N2	N2	N3	N3	N3	N3	N3	N2	N3	N2	N4	N2	*20% da equipe está abaixo do esperado nas competências exigidas pelo cargo*
Comunicação *(fluxo de informações que entende e emite para os resultados)*	5%	N2	N1	N1	N2	N2	N2	N2	N1	N2	N2	N1	N2	N1	N1	N4	N3	N3	N2	N1	N3	N1	*80% da equipe está abaixo do esperado nas competências exigidas pelo cargo*
Atendimento ao Cliente *(cumprimento de prazos e satisfação nos resultados)*	10%	N1	N3	N1	N2	N1	N1	N1	N1	N2	N1	N2	N2	N1	N1	N4	N3	N1	N1	N2	N3	N1	*80% da equipe está abaixo do esperado nas competências exigidas pelo cargo*
Relacionamento *(respeito, colaboração e participação nas atividades de grupo)*	5%	N3	N3	N2	N2	N2	N2	N1	N2	N2	N3	N2	N2	N1	N2	N3	N3	N3	N2	N2	N3	N1	*65% da equipe está abaixo do esperado nas competências exigidas pelo cargo*
Responsabilidade *(faltas, atrasos, contribuição espontânea, busca de resultados)*	10%	N3	N2	N2	N3	N3	N3	N2	N2	N3	N3	N2	N3	N1	N3	N4	N4	N3	N3	N1	N3	N2	*35% da equipe está abaixo do esperado nas competências exigidas pelo cargo*
Organização *(Limpeza, cuidado com ferramentas e equipamentos)*	5%	N2	N3	N2	N2	N1	N1	N1	N1	N1	N1	N2	N3	N2	N2	N2	N3	N2	N1	N1	N3	N2	*80% da equipe está abaixo do esperado nas competências exigidas pelo cargo*
Comprometimento *(fazer cumprir as normas da empresa e metas definidas)*	15%	N2	N2	N2	N2	N2	N2	N1	N2	N3	N2	N2	N2	N2	N2	N4	N3	N2	N2	N1	N3	N1	*80% da equipe está abaixo do esperado nas competências exigidas pelo cargo*
Iniciativa *(Solução de problemas sem esperar a ordem superior)*	10%	N1	N2	N2	N2	N2	N2	N1	N2	N2	N2	N2	N2	N1	N2	N4	N2	N2	N2	N2	N2	N1	*95% da equipe está abaixo do esperado nas competências exigidas pelo cargo*

N1 = Resultados inferiores ao esperado
N2 = Resultados regulares
N3 = Resultados adequados ao esperado
N4 = Resultados acima do esperado

Mapeamento das Competências Individuais:

Função:	
Nome:	Data:
Área:	Avaliador:

TABELA DE PONDERAÇÃO

Competências	Peso (A)	N1 (1xA)	N2 (2xA)	N3 (3xA)	N4 (4xA)
Total	100%	///////////	///////////	///////////	400

3ª Etapa

Capacitação do Corpo Gerencial, através de reuniões de apoio e administração por objetivos. Ambas as técnicas estão fundamentadas nas resistências às mudanças de seus integrantes, partindo do princípio de que o treinamento, nesses casos, não age com eficácia, considerando que os "bloqueios" estão presentes em função da vaidade do fundador, que considera correta a sua maneira de administrar, e de seus seguidores. Essas empresas não possuem modelos de gestão ou plano de ação, portanto desconhecem o caminho administrativo. Tais motivos impedem o encaminhamento de cursos programados, de empresas especializadas no mercado.

A técnica de reuniões tem seu papel importante, quando permite a reflexão de fatos do dia-a-dia, através de dinâmicas tipo *"tempestade de idéias"*, provocando a participação, desenvolvendo a comunicação e motivando. As forças propulsoras de cada reunião estão alavancadas em metas previamente definidas. Por exemplo: "Meta aplicada para a próxima reunião, feita periodicamente, é a organização do Almoxarifado", sabendo que não sobra tempo para os participantes, em face de ausência de conceitos administrativos, bem como de organização de tempo. O facilitador conduzirá as reuniões, aproveitando os erros e acertos, discutindo o motivo das falhas e entraves que prejudicaram atingir os objetivos. Nesse espaço de reflexões entram sugestões e levantamentos de ações incoerentes que prejudicam a produtividade, inclusive os aspectos pessoais e emocionais, desavenças e outros.

4ª Etapa

Monitoramento do Sistema de forma constante, avaliando continuamente as variáveis que interferem no processo sucessório:

a) Os impactos gerados no contexto cultural da empresa;

b) Diferenças de ritmo de compreensão e incorporação dos objetivos propostos;

c) Resistências quanto à (re) configuração das relações internas.

Esses monitoramentos são feitos através do acompanhamento dos indicadores levantados no mapeamento das competências organizacionais, determinadas com base na política organizacional, quando do planejamento estratégico, por ocasião das reuniões de mudança comportamental do corpo gerencial. Normalmente, nessa etapa já existe a construção de um cenário de maturidade profissional, possibilitando a análise das metas e objetivos traçados para o ponto de equilíbrio da empresa. No gráfico do ciclo de vida do negócio, é a retomada do estágio embrionário. Viabiliza um crescimento sustentável neste ciclo, inclusive a busca de novas oportunidades, abstendo-se das decisões sentimentais, superadas pelas racionais. A nova gestão deve avaliar o excessivo uso de controles intensos e padrões rígidos, liderança diretiva e especialização, instrumentos que poderão gerar ações antagônicas, como o ciclo destrutivo das organizações, esquematizado na figura a seguir.

Figura IV: Ciclo Destrutivo das Organizações:

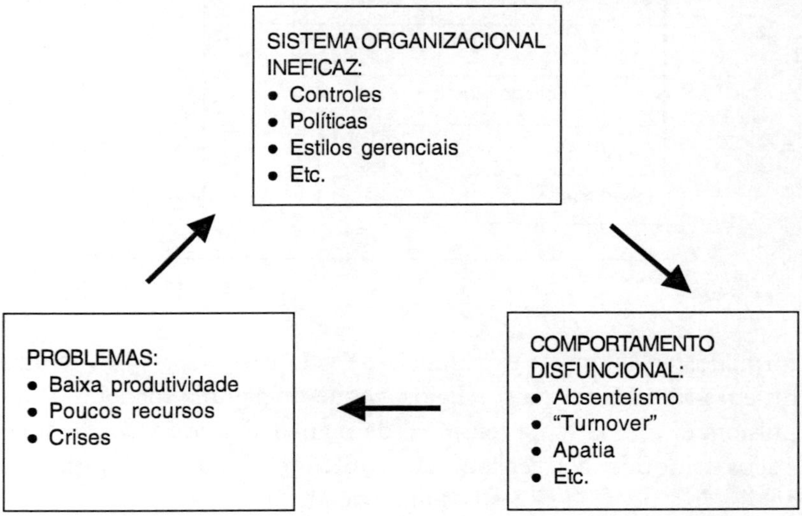

Gestão por competência na empresa familiar

A trajetória de sucessão da empresa familiar para a empresa profissional requer a análise de estágios de desenvolvimento imbricados nos ciclos de aprendizagem que estão nos erros e acertos da própria pessoa. O sucessor nesse processo de mudança reconhece a necessidade de adaptar-se aos novos valores; mesmo ilhado por longo tempo nas asas do fundador, busca parâmetros de atitudes gerenciais. Essa necessidade não exclusiva do sucessor, no que tange a sua personalidade individual, expande-se para personalidade coletiva, o grupo que passou a liderar. Tanto a organização como o empregado buscam o desenvolvimento de novas habilidades, alinhadas ao que passamos a chamar de competência, caracterizada não somente pelo acúmulo de experiências e conhecimento, mas pelo equilíbrio emocional para atuar nas adversidades e pressões inerentes ao mundo competitivo. Na figura a seguir, apresentamos a escala de dificuldades para a mudança. O estágio mais complexo de ser mudado são os valores, normalmente imbuídos de laços sentimentais e místicos,

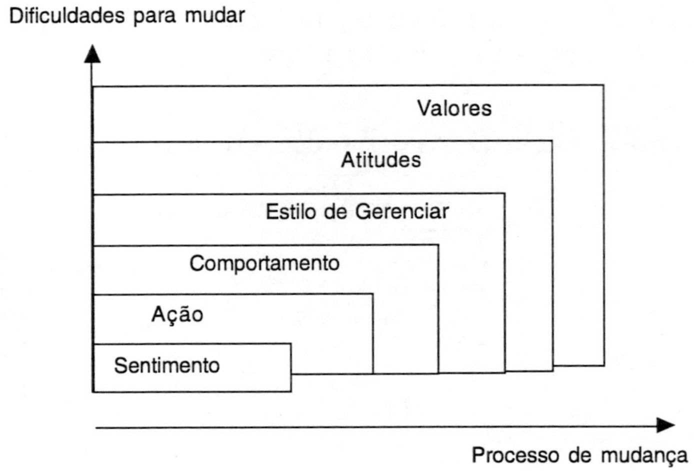

formados ao longo da experiência de vida coletiva, seja na família ou em grupos informais, religiosos, que de alguma maneira o impulsionam a uma força tensional de manter determinados padrões éticos e morais. Na verdade são conteúdos imaginários; quando analisados, percebe-se a sua subjetividade.

Gerenciamento de mudanças e a implantação da estratégia, na ótica das competências da organização e do empregado

A competência exige a capacidade de enfrentar novos problemas em crescente nível de complexidade. As pessoas não devem ser apenas competentes no seu trabalho específico, mas também sobre a organização, para que possam ser capazes de pensar de forma autônoma na sua transformação. Cabe à empresa garantir espaços de evolução e realização. Cabe às pessoas tomar para si essa responsabilidade.

Competência é um movimento pessoal, exige iniciativa e ação. É uma atitude social, em que a pessoa assume a carga, o peso e as conseqüências de um papel profissional. Porém, uma pessoa só vem a assumir a responsabilidade de forma adulta, se as coisas fizerem sentido para ela. A visão do trabalho tem que ser clara, tem que ter sentido. Pressupõe também que essa pessoa perceba suas limitações, e que, frente a situações em que se julga inapta, ela recorra aos outros pedindo colaboração.Portanto, PESSOAS assumem riscos, tomam para si as responsabilidades; a EMPRESA cria um clima de confiança e estimula atitudes independentes. Se não houver confiança, não haverá tomada de responsabilidade. É de fato um COMPROMISSO e uma mudança no sistema de poder; favorece a criatividade e a capacidade de inovação das pessoas. Competência é a arte de transformar os imprevistos em oportunidades; de conduzi-los até o fim, de forma positiva, traduzindo-os, interpretando-os, agindo sobre eles.

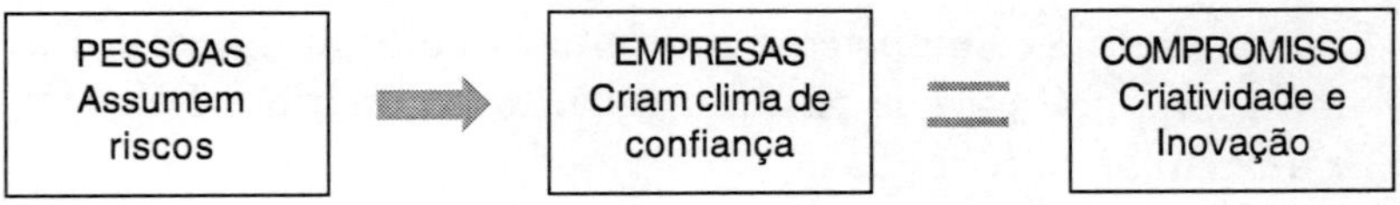

O modelo de competência representa um estado futuro, um desafio para as empresas e para os indivíduos. Uma condição para uma plena existência no futuro.

Qualificação e Competência

O interesse primordial de um enfoque pela competência é que ele permite concentrar a atenção sobre a pessoa mais do que sobre postos de trabalho ou cargos. Possibilita associar as qualidades requeridas do indivíduo e as formas de cooperação características dos novos modelos produtivos de gestão.Para muitos, dizer que alguém tem competência significa que ele é qualificado para exercer determinada posição. Na definição tradicional de qualificação, havia duas formas de abordagem:

- A qualificação como pré-requisito para o emprego, isto é, a capacidade de alguém vir a ocupar uma posição profissional. Nesse caso, o emprego é qualificado e dotado de tecnologia, complexidade, nível de responsabilidade. Assim, o indivíduo apenas se amolda ao esperado, gerando estagnação e impossibilitando a transformação dos cargos, dos sistemas existentes e da própria organização.

- A qualificação se define pelos "saberes" das pessoas. Uma pessoa pode ser especialmente dotada, porém não são todos os saberes que serão pertinentes ao seu trabalho e à própria estrutura da empresa.

O modelo de competências proposto por Zarifian, estudioso francês, conceitua competência em duas dimensões:

- A capacidade de atuar em face de situações industriais, em parte imprevisíveis, considerando, portanto, que é competente aquele que sabe dominar uma nova situação e agir.
- O reconhecimento como *expert* pelo julgamento dos outros, considerando que é competente aquele que demonstra saber e que mostra na prática; que possui o gabarito necessário e é alguém em quem se pode confiar.

Pode-se ver nesses dois casos que não é somente a bagagem de conhecimento em si que conta, mas a autonomia manifesta no domínio de situações e o reconhecimento pela própria organização. A competência, portanto não é somente uma qualificação, mas o sentido de valor e de projeção dentro do contexto organizacional.

Competência, aprendizagem e motivação

Competência é alicerçada na aprendizagem, no sentido de que aprender é um processo que faz com que a experiência que ocorreu no passado seja reinvestida na resolução de problemas novos.

A gestão de competências é uma capacidade constante de satisfazer as exigências ambientais de forma tanto criativa quanto comprometida (Jay Hall).

A competência organizada dentro do contexto de uma instituição é a capacidade de responder às exigências através da participação dos indivíduos.

Uma das molas propulsoras da ação humana é o desejo de competência. As pessoas impelidas por esse motivo não querem esperar passivamente que as coisas aconteçam, mas desejam fazê-las acontecer. Esse sentimento está intimamente ligado ao conceito de expectativa. Como a expectativa tende a influenciar os motivos, as pessoas com baixos sentimentos de competências freqüentemente não serão motivadas a procurar novos desafios ou assumir riscos.

O motivo/motivação da competência manifesta-se nos adultos, como um desejo do domínio do trabalho e do crescimento profissional (Robert White).

O motivo de competência pode ser relacionado ao motivo de realização. As pessoas com elevado nível de necessidade de realização sentem-se mais preocupadas com a realização pessoal do que com a recompensa do sucesso. Elas preferem trabalhar no problema a deixá-lo ao acaso. Sentem desejo de procurar situações em que possam receber um *feedback* direto e concreto sobre seu desempenho.

O motivo da competência, segundo McClelland, é um motivo humano distinto que pode ser isolado das outras necessidades humanas.

O juízo da competência é, segundo Robert W. Moulton, a avaliação subjetiva que os indivíduos fazem do nível de dificuldade de uma dada tarefa. A posição com que se colocam frente a essa dificuldade depende do julgamento de sua competência. Vários estudos realizados demonstram que o motivo de auto-realização está relacionado com a subjetiva probabilidade de sucesso numa dada situação, isto é, em que grau o indivíduo crê que possua as habilidades necessárias para o desempenho bem-sucedido.

Competência e trabalho

Para a melhor compreensão dos fatores de satisfação no trabalho, Hackman, Lawler e Oldham desenvolveram uma teoria que pressupõe que serão obtidos resultados desejáveis, tanto para a pessoa como para a organização, somente se o trabalhador alcançar três estados psicológicos decisivos:

- O trabalho deve ser vivenciado como significativo, válido ou importante.
- O trabalhador deve ter a vivência de que é pessoalmente responsável pelo resultado do trabalho, isto é, responsável pelo produ-

to do seu esforço.

- O trabalhador deve ser capaz de determinar de alguma forma sistemática e confiável, em que seu esforço apareça, que os resultados sejam obtidos e qual o grau de satisfação resultante.

Estes três estados psicológicos serão alcançados se as dimensões centrais do trabalho o tornarem algo de VALOR e SIGNIFICADO.

O valor do trabalho

Alguns fatores passam a ser fundamentais para que o indivíduo possa atingir o grau ideal de competência e de sentimento de responsabilidade pessoal, frente ao trabalho:

- Variedade de aptidões: em que medida o trabalho exige que o trabalhador execute atividades que estimulem uma série de habilidades e aptidões?
- Identidade com a tarefa: em que medida o trabalho possibilita a visão das suas partes e do seu todo? É possível efetuar o trabalho do começo ao fim, com um resultado visível?
- Importância da tarefa: em que medida o trabalho tem uma influência importante e perceptível na vida das outras pessoas dentro da organização imediata ou na sociedade em geral?
- Autonomia e liberdade de ação: em que medida o trabalho dá ao indivíduo independência, liberdade e arbítrio para esquematizá-lo e determinar de que modo será realizado?

O avanço da carreira por competência

O modelo por competências deixa claros os passos que o profissional tem de dar para chegar a cada ponto da carreira. O modelo de carreira por competência baseia-se no modelo de horizontalização promovido pelo *downsizing* e cria oportunidade para fazer a carreira dentro do próprio cargo.

A gestão de carreira por competência é mais técnica, mais complexa, agrega muito mais valor para a empresa e atende grande expectativa dos empregados. Adotar esse modelo exige mudar conceitos, mudar cultura e o formato da carreira. Ou seja, tem de desenhar um plano de carreira com formato, políticas, princípios e critérios próprios. Tudo é uma criação do plano de carreira. A expectativa das pessoas em todas as empresas é ter perspectiva / visibilidade de carreira e saber o que têm de fazer para chegar lá. E as empresas são fracas nisso. A grande novidade técnica é desenhar a descrição de cargo, como estágio de carreira. As tarefas mais simples entram no primeiro estágio. As médias no segundo estágio e as mais complexas e de liderança, num terceiro e quarto estágios. Além disso, o desenho da carreira define todos os treinamentos e as competências que a pessoa tem de obter para atingir cada fase. A remuneração por competência é outro exemplo de ferramenta que ajuda a modificar as atitudes do indivíduo, através do seu próprio desenvolvimento.

Dentro deste novo conceito de competência no processo de transição da administração familiar para a profissional, é preciso viabilizar o planejamento das intervenções, recurso que consiste na escolha dos tipos de intervenções sociais e técnico-administrativas necessárias para promover a efetivação das mudanças pretendidas, bem como de suas respectivas ferramentas. As intervenções planejadas dizem respeito aos problemas e soluções, assim como ao processo de mudança. A ênfase nesse planejamento é o plano de ação, analisado e explorado no potencial da organização e do empregado.

Avaliamos a importância de desenvolver algumas posturas para o sucesso dessa nova etapa, na qual ocorre a participação de todos os recursos humanos, parceiros do desenvolvimento de todo o processo. A partir dessa fase, o desenvolvimento da empresa está centrado no insumo humano. Portanto, são necessários:

- A construção de um clima de compreensão, apoiado na mútua colaboração;
- Fortalecimento da equipe;
- Capacitação das pessoas envolvidas, para o desenvolvimento das competências interpessoal, intergrupal e técnicas;
- Preparação do corpo gerencial, no perfil de liderança.

Esse alinhamento requer, por parte dos gestores, uma análise mais profunda dos recursos disponíveis na estrutura organizacional, conhecidos no mapeamento das competências da organização e dos empregados, nos quais estão os indicadores do diagnóstico e plano de ação.

No gráfico do ciclo de vida do negócio, são mostrados estágios em que, pela própria característica do processo dinâmico de variáveis internas e externas que viabilizam o movimento das empresas, são necessárias intervenções que ajudam evitar o impacto do "inevitável" declínio, decorrente de um ciclo de vida.

Para cada estágio existe uma estratégia, baseada nesse mapeamento, que irá direcionar o plano de desenvolvimento.Não existem modelos "pré-fabricados" e padronizadas. Sugerimos uma ferramenta que ajude na definição do "Processo de *Feedback*", que age como instrumento de identificação e análise das discrepâncias na percepção dos mapeamentos de competências, buscando soluções de melhoria, estabelecendo como foco o desenvolvimento profissional e a melhoria de desempenho da organização. Queremos reforçar a nossa ênfase na discussão de mudanças e transição, cujo modelo é uma empresa familiar em sucessão, sem informações, controles e modelos gerenciais. Nossa preocupação é formular ferramentas que atendam à eliminação de impactos, ao mesmo tempo em que viabilizem a capacitação dos seus líderes e da equipe, utilizando seus recursos próprios e sem custos ou apropriar essas organizações de instrumentos adaptados à sua realidade. Partimos de algumas Premissas Centrais:

1. Instrumento de desenvolvimento de liderança;
2. Compreensão de como os comportamentos das avaliações afetam as outras pessoas do grupo e percepção da necessidade de mudar alguns comportamentos;
3. Resultados de diferenças individuais e ambiente organizacional favorável a mudanças;
4. Foco na competitividade e na necessidade de mudanças;
5. Descentralização do poder de decisão, estimulando a autonomia das equipes de trabalho;
6. *Networks.*

A avaliação de desempenho nas organizações tem sido tratada como um processo de real importância na gestão de recursos humanos. Os gestores vêem na avaliação de desempenho um conjunto de vantagens proveitosas para a melhoria da produtividade. Existe, contudo, um leque de desvantagens que permite pôr em questão os efeitos que se pretendem com a avaliação de desempenho. A avaliação de desempenho tem servido de base à política de promoção nas organizações. O processo é efetuado periodicamente, normalmente com caráter anual, e consiste na análise objetiva do comportamento do avaliado no seu trabalho e posterior comunicação do resultado. Tradicionalmente, compete aos gestores imediatos avaliar os seus subordinados, estando a avaliação sujeita a modificações posteriores, para que os resultados finais sejam compatíveis com a política de promoção da organização:

- Devem visualizar a empresa como um todo em um conjunto homogêneo e integrado que privilegia os aspectos relevantes;
- Devem decorrer do planejamento estratégico que define o que, como e quando medir;
- Devem facilitar a localização de metas e objetivos dos vários departamentos e níveis hierárquicos envolvidos;
- Devem estar ligados aos processos empresariais e focalizados no cliente interno e externo.

Encerramos este capítulo lembrando que não devem existir fórmulas prontas para a construção de modelos gerenciais. Cada empresa é uma empresa, constituída de valores e pessoas singulares.

Conclusões

Qual a solução de todos estes problemas?

Primeiro, entender a fundo os componentes psicológicos de toda esta trama. Pelo menos, para tornar a empresa familiar um pouco mais humana e sensata, para ambos – pais e filhos.

Segundo, entender um pouco mais dos sistemas de contabilidade e controladoria, que permitem a multinacionais controlar suas subsidiárias no Brasil sem ter um parente do acionista principal em cada posto importante.

São esses sistemas de controle que permitem às multinacionais não serem roubadas a torto e direito pelos executivos profissionais, o grande temor da família empresarial. São esses controles que permitem definir melhor a direção a longo prazo da empresa.

Se as multinacionais podem administrar suas subsidiárias a 10.000 quilômetros de distância, as famílias brasileiras podem seguramente controlar as suas próprias empresas a centenas de metros de distância, sem ter de colocar cada membro da família em cargos de confiança.

Quando se utiliza a metáfora da família em uma empresa, a noção de família parece clara entre seus integrantes; por outro lado, paradoxalmente, essa noção para a empresa familiar apresenta-se de forma complexa, conforme discutido neste livro.

Assim, ao abordar as transformações na estrutura familiar, verifica-se que uma nova dimensão de família se apresenta, principalmente no mundo ocidental. Transpondo-se a reflexão para o campo das empresas familiares, não resta dúvida quanto à necessidade de um enfoque ampliado do fenômeno, que considere as novas possibilidades de arranjos familiares, já existentes em organizações. Essa discussão é necessária, pois as representações sociais sobre família, no ambiente de negócios, principalmente para a empresa familiar, estão ainda muito relacionadas à lógica da família patriarcal, sendo que esta representa atualmente uma pequena parte das estruturas familiares. Sendo assim, é necessário que pesquisas adicionais sejam realizadas, enfocando as transformações familiares e os novos arranjos organizacionais familiares delas decorrentes.

Embora alguns dos estudos mencionados apontem na direção de uma flexibilização no conceito de empresa familiar, como, por exemplo, a aceitação de casamento ou da consangüinidade, há outros aspectos importantes, como a noção de que não é preciso existir casal para existir família. Somente a partir de enfoques dessa natureza é que se pode romper o ciclo vicioso que associa empresa familiar e família patriarcal, na medida em que essa representação não corresponde integralmente ao retrato de família.

Por fim, estudos longitudinais em empresas familiares poderiam contribuir para esclarecer melhor o impacto de transformações na família e na empresa, principalmente do ponto de vista da composição e da distribuição do poder.

Bibliografia

BERNHOEFT,Renato. **Empresa Familiar.** Rio de Janeiro: Editora Livraria Nobel S/A, 1995.

BOOG, Gustavo G. **Manual de Treinamento e Desenvolvimento.** São Paulo, Makron Books, 1999.

__________. **Manual de Gestão de Pessoas e Equipes.** São Paulo: Editora Gente, 2002.

CASAROTTO FILHO, Nelson; PIRES, Luis Henrique. **Redes de pequenas e médias empresas e desenvolvimento local.** São Paulo: Atlas, 1999.

CHAGURI, Reinaldo. **Manual prático da remuneração moderna.** São Paulo: Ed.LTR, 2000.

CHIAVENATO, Idalberto. **Comportamento Organizacional.** São Paulo: Thomson, 2004.

DUTRA, Joel Souza. **Competências.** São Paulo: Ed. Atlas, 2004.

FINANCIAL TIMES SURVEY OF GERMANY. The Mittlestand, Oct. 21, 1996.

FINANCIAL TIMES. Cost of being safety-conscious, Dec. 02, 1995.

__________. Gathering of a clan, Oct. 02, 1996.

FOGUEL, Sergio. **Desenvolvimento e deterioração organizacional.** São Paulo: Ed.Atlas, 1986.

FRITZ, Roger. **Empresa Familiar.** São Paulo: Makron Books, 1997.

GAZETA MERCANTIL. O preço de trabalhar ao lado do patrão. 08 out. 1996a.

__________. Empresa familiar e globalização, 06 fev. 1997.

__________. Empresa profissionaliza gestão e busca recursos, 11 out. 1996*b*.

GERSICK E. Kelin; DAVIS, John A.; HAMPTON, Marion McCollom e LANSBERG, Ivan. **De geração para geração – Ciclos de vida das empresas familiares.** São Paulo: Negócio Editora, 1997.

GRAMIGNA, Maria Rita. **Modelo de Competência e Gestão de Talentos.** São Paulo: Makron Books, 2002.

GRANOVETTER, Mark. **Coase revisited: business groups in the modern economy.** Oxford University Press, 1995.

LACOMBE, Heilborn. **Administração, princípios e tendências.** São Paulo: Saraiva, 2004.

LAHAYE, Tim. **Temperamento controlado pelo espírito.** São Paulo: Edições Loyola, 1974.

LAHAYE, Tim. **Temperamentos transformados.** São Paulo: Editora Mundo Cristão, 1976.

LODI, João Bosco. **A ética na empresa familiar.** São Paulo: Pioneira, 1994.

__________. **A Ética na Empresa Familiar.** São Paulo: Editora Enio Matheus Guazelli, 1996.

__________. **Empresa Familiar.** São Paulo: Editora Enio Matheus Guazelli,

1997.

__________. **O Fortalecimento da Empresa Familiar.** São Paulo: Editora Enio Matheus Guazelli, 1994.

MARRAS, Jean Pierre. **Administração de Recursos Humanos.** São Paulo: Futura, 2002.

MARTINS, Ives Gandra da Silva; MENEZES, Paulo Lucena de; BERNHOEFT. **Empresas familiares brasileiras – perfil e perspectivas.** São Paulo: Negócio Editora, 1999.

MAXIMINIANO, A.C. Amaru. **Introdução à administração.** São Paulo: Atlas, 2004.

MOTTA, Vasconcelos. **Teoria geral da administração.** São Paulo: Thomson, 2004.

NISEMBAUM, Hugo. **A competência essencial.** São Paulo: Ed. Infinito, 2000.

PONTES, Benedito Rodrigues. **Avaliação de Desempenho: Nova Abordagem.** São Paulo: Ed LTR, 2002.

PORTER, Michael E. **From competitive advantage to corporate strategy.** Harvard Business Review, May-June 1987.

REIS, Germano Glufke. **Avaliação 360°, um instrumento de desempenho gerencial.** São Paulo: Atlas, 2003.

RESENDE, Enio. **Cargos, salários e carreira. Novos paradigmas conceituais e Práticos.** São Paulo: Summus Editorial, 1991.

RICCA, Domingos. **Da empresa familiar à empresa profissional.** São Paulo: CL-A Cultural, 1998.

VIDIGAL, Antonio Carlos. **Viva a empresa familiar!** Rio de Janeiro: Rocco, 1996.

WALL STREET JOURNAL. Managing your career, Oct. 15, 1996.

Glossário

Administradores: Conselheiros e administradores estatutários da empresa.
Conflito de interesse: Toda e qualquer prática ou ato que seja, ou possa ser considerado incorreto, ilegal, imoral, injusto, ou que se sobreponha aos interesses da empresa e da comunidade.
Executivos: Todos os profissionais com atribuições de gestão na empresa.
Laços familiares: Relação existente entre pais, filhos, irmãos, cônjuges, genros, noras, agregados diretos ou outros casos que se caracterizem como seus dependentes econômicos.
Organizações da sociedade civil sem fins lucrativos: Entidades de classe, sindicatos, entidades religiosas, Organizações Não Governamentais (ONGs), fundações e outras instituições.
Parceiros: Fornecedores, especificadores, representantes comerciais, instituições financeiras, distribuidores e revendedores.
Parentes de primeiro grau: pai, mãe, cônjuge, sogro, sogra, filhos, genros, noras e irmãos.

ANEXO

Modelo de composição e remuneração de Conselho de Administração

O Conselho de Administração é composto de 5 (cinco) a 11 (onze) membros efetivos, dentre eles um Presidente. No caso de impedimento, vaga ou ausência do Presidente do Conselho de Administração, a Presidência do órgão será, para fins do disposto na Cláusula de Competências, exercida pelo membro com mandato mais antigo do Conselho até a eleição de um novo Presidente;

Os membros do Conselho de Administração serão eleitos pela Assembléia Geral e por ela destituíveis a qualquer tempo, com mandato de no máximo 2 (dois) anos, permitida a reeleição;

No caso de vacância do cargo de membro do Conselho de Administração, os Conselheiros remanescentes nomearão um substituto, que servirá até a primeira Assembléia Geral da Companhia, devendo o substituto ser, na medida do possível, apontado dentre os membros do Conselho de Administração eleitos pelo mesmo acionista que indicou o Conselheiro ausente, se assim dispuser o Estatuto Social;

Os membros efetivos do Conselho de Administração terão a remuneração que lhes for atribuída globalmente pela Assembléia Geral e de forma individualizada pelo Colegiado;

A remuneração dos Conselheiros será paga mensalmente, independentemente de realização de reuniões do órgão no período, observando-se, para fins de pagamento, a mesma política adotada pela Companhia para pagamento da remuneração da Diretoria;

Aos membros do Conselho de Administração serão aplicadas as políticas de viagens, alimentação e estadia, quando a serviço, estabelecidas para os Diretores da Companhia.

Competências

O Conselho de Administração terá a competência que lhe for atribuída pelo artigo 142 da Lei das Sociedades Anônimas e pelo Estatuto Social da Companhia.

Atribuições

Compete ao Presidente do Conselho de Administração:

(a) Convocar, instalar e presidir as reuniões do Conselho, agindo de maneira democrática, independente e imparcial, indicando quem atuará como secretário do conclave redigindo as Atas de reuniões e demais documentos referentes ao exercício de suas funções. O Presidente agirá de maneira democrática e imparcial, submetendo ao Colegiado todas as propostas de deliberações de competência do órgão, constantes da respectiva pauta de deliberação;

(b) Comunicar à Diretoria e à Assembléia Geral, quando for o caso, as deliberações tomadas pelo Conselho de Administração, sem prejuízo de, na sua omissão, qualquer dos Conselheiros poder fazê-lo;

(c) Determinar que sejam tomadas as providências necessárias à implantação das deliberações do órgão, sendo que, na sua omissão, o Conselho de Administração deliberará qual o Conselheiro responsável por fazê-lo;

(d) Orientar a condução do exercício regular das funções do Conselho, sem prejuízo das prerrogativas legais de cada Conselheiro;

(e) Cumprir a ordem de apreciação das matérias pautadas para deliberação do Conselho, salvo se a maioria dos Conselheiros presentes entender que outra ordem de apreciação deva prevalecer;

(f) Diligenciar para que as informações que, nos termos da Lei das S.A., devam ser prestadas ao Conselho Fiscal o sejam de forma tempestiva.

Compete a cada Conselheiro:

(a) Acompanhar a gestão dos Diretores, examinar os livros e papéis da sociedade, solicitar esclarecimentos sobre negócios e quaisquer outros atos, antes ou depois de celebrados;

(b) Acompanhar a qualidade dos controles internos, bem como a forma através da qual a Companhia está estruturada, a fim de verificar o atendimento e respeito às regras jurídicas aplicáveis ao exercício da sua atividade;

(c) Acompanhar os trabalhos desenvolvidos pelos auditores externos, bem como tomar conhecimento do conteúdo de eventuais cartas de recomendação por eles apresentadas à Companhia;

(d) Apresentar até dez dias antes da realização da reunião as matérias que deseja incluir na respectiva pauta;

(e) Comunicar aos demais Conselheiros sobre quaisquer pedidos de esclarecimentos, informações e/ou documentos à Diretoria, bem como dar ciência aos demais Conselheiros dos esclarecimentos e informações prestados e/ou dos documentos fornecidos pela Diretoria, em resposta às suas solicitações.

- Observando-se o disposto no item (g) da Cláusula "Normas de procedimentos para reuniões" compete a cada Conselheiro apresentar ao Presidente as matérias que deseje incluir na pauta das reuniões do Conselho de Administração, que, em qualquer hipótese, deverá ser convocada. As matérias que, por falta de apresentação tempestiva por qualquer membro, deixarem de constar da pauta da primeira reunião serão automaticamente incluídas dentre as matérias a serem apreciadas no conclave imediatamente subseqüente, também observados, para esta hipótese, os requisitos previstos no item (g) da Cláusula "Normas de procedimentos para reuniões".

Instalação, local das reuniões e quórum

O Conselho de Administração reunir-se-á e deliberará na forma, periodicidade e com o quórum previstos no Estatuto Social da Companhia;

As reuniões serão convocadas através de aviso por escrito, por meio de carta, telegrama, telex, fax ou mensagem eletrônica (e-mail) enviado a cada Conselheiro, com antecedência mínima de 10 (dez) dias da data da respectiva reunião, salvo nas hipóteses de manifesta urgência, a critério exclusivo do Presidente do Conselho de Administração. O referido aviso conterá as matérias da ordem do dia;

Independentemente das formalidades prescritas no parágrafo anterior, será considerada regular a reunião a que comparecerem pessoalmente todos os Conselheiros;

O Conselho de Administração reunir-se-á na sede da Companhia ou em outro local, desde que, neste último caso, haja anuência da maioria dos seus membros;

Cada Conselheiro poderá, em virtude da matéria, utilizar-se de assessoria jurídica e contábil, hipótese em que o assessor poderá estar presente à reunião do Conselho de Administração exclusivamente durante o período em que a matéria cuja assessoria estiver sendo prestada estiver sendo examinada e deliberada;

O Conselho de Administração instalar-se-á e funcionará com a maioria de seus membros;

As deliberações deverão ser tomadas por maioria de votos dos presentes.

Ata das reuniões

As decisões do Conselho de Administração constarão de ata, que deverá ser preparada ao fim da respectiva sessão, contendo os votos proferidos e o sumário das decisões adotadas. A ata de reunião do Conselho de Administração será assinada por todos os Conselheiros presentes;

Na hipótese de ser lavrada ata em forma de sumário, deverá ser observado o disposto no artigo 130 e seus parágrafos da Lei das S.A. devolvendo-se cópia autenticada pela mesa do documento apresentado ao membro do Conselho de Administração autor da manifestação.

Normas de procedimentos para reuniões

Nas reuniões do Conselho de Administração serão observadas as seguintes normas procedimentais:

(a) As regras de condução das reuniões do Conselho de Administração, fixadas através do presente instrumento,respeitarão, em qualquer hipótese, os termos do estatuto da Companhia e da legislação aplicável;

(b) É direito dos membros do Conselho de Administração exigir que as regras procedimentais definidas na forma deste Regimento Interno sejam respeitadas por todos;

c) As regras procedimentais de uma reunião do Conselho de Administração visam a garantir que a discussão e decisão sobre os temas em pauta ocorram na forma da lei e do estatuto;

(d) Os Conselheiros poderão apresentar questões de ordem, na forma de objeção à irregularidade da condução e procedimentos da reunião, tendo, inclusive, o direito e o dever de alertar o Presidente sobre qualquer inobservância das regras de procedimento durante o curso da reunião;

(e) Na condução das reuniões, são atribuições e responsabilidade indelegáveis do Presidente, entre outras coisas:

- chamar a reunião à ordem;
- declarar instalada, determinar seu início e encerrar o conclave;
- convocar os Conselheiros para se manifestarem sobre os temas tratados;
- controlar a extensão e relevância das intervenções dos Conselheiros;
- organizar as votações;
- declarar os resultados;

- manter a ordem.

(f) A discussão e votação das matérias submetidas à apreciação do Conselho, previstas na ordem do dia, deverão obedecer à ordem da convocação, devendo transcorrer de maneira lógica e coerente, levando-se em conta os casos em que a aprovação de uma matéria seja pré-requisito para a aprovação de outra. Qualquer mudança na ordem de apreciação das matérias constantes da ordem do dia deverá ser submetida aos Conselheiros para deliberação;

(g) Durante reuniões que contem com a presença de todos os membros do Conselho de Administração qualquer dos Conselheiros poderá requerer a inclusão de um novo item na ordem do dia, devendo, para tanto, demonstrar existência de interesse social, bem como a relevância e urgência que justifiquem a inclusão, cabendo ao Presidente examinar de forma cautelosa o preenchimento dos requisitos acima e submeter à decisão dos Conselheiros, que, neste caso, poderão incluí-la, desde que por unanimidade de votos os Conselheiros assim o deliberem;

(h) Qualquer Conselheiro poderá apresentar uma proposta para deliberação, nos limites de sua competência, nos termos do Estatuto Social e da legislação vigente, dentre os itens constantes da ordem do dia, a qual será analisada pelo Conselho;

(i) Uma vez submetida à análise do Conselho, a proposta deverá ser apreciada e só poderá ser retirada de pauta por decisão da maioria dos Conselheiros. Encerradas as discussões sobre uma proposta, com o exame de suas eventuais emendas, o Presidente deverá anunciar o fim da discussão, ler a proposta, descrevê-la e então colocá-la em votação, indagando a cada Conselheiro sobre sua concordância ou discordância, anunciando, em seguida, o resultado.